COMO SER MAS PRODUCTIVO Y FELIZ

INTELIGENCIA EMOCIONAL
Y
COMPORTAMIENTO AUTODIRIGIDO

JORGE FARIAS ARIZPE

Order this book online at www.trafford.com
or email orders@trafford.com

Most Trafford titles are also available at major online book retailers.

Printed in the United States of America.

ISBN: 978-1-4669-4775-7 (sc)
ISBN: 978-1-4669-4777-1 (hc)
ISBN: 978-1-4669-4776-4 (e)

Library of Congress Control Number: 2012912775

Trafford rev. 09/11/2012

 www.trafford.com

North America & international
toll-free: 1 888 232 4444 (USA & Canada)
phone: 250 383 6864 ♦ fax: 812 355 4082

A mi esposa María Esther con quien comparto mi viaje en inteligencia emocional, felicidad y espiritualidad; a mis hijos y nietos para darles a conocer mis reflexiones sobre productividad en esta tierra y felicidad eterna.

Este libro también lo dedico a mis compatriotas, para contribuir a México con un modelo de desarrollo personal en base a productividad, honestidad, competitividad y felicidad. Exhortar a todos, a tener una Realización Personal de merecimientos por el quehacer logrado, no por nombramientos políticos, familiares o ajenos a los requisitos que demanda el trabajo a realizar y que hay que merecer.

INDICE

INTRODUCCIÓN

El objetivo de este libro y de este curso es aumentar tu productividad en el ejercicio de un trabajo u oficio y ser feliz.

Voy a usar un lenguaje donde te hable de tú, hablaré en segunda persona del singular, al referirme al lector.

Ser productivo significa que por tu intervención, agregues un satisfactor a la vida, transformes algo que ya existe, en algo más útil, o aumentes la cantidad de satisfactores para ti y para los demás. Ser productivo, es ser útil, es servir a los demás, porque agregas valor a la vida, en términos de satisfactores o de bienes útiles. Completas la creación de Dios, pues si bien es cierto que fueron creadas, las montañas, la luz, las plantas, el mar, las estrellas, se completa la creación creando, mesas, sillas, casas, alimentos, herramientas para vivir mejor.

Ser productivo también es crear pensamientos, conocimientos o formas de pensar que sean útiles para vivir mejor, o sea, elementos intangibles que también son capaces de producir bienes.

En una palabra, ser productivos es transformar tanto la materia en algo más útil, como transformarnos a nosotros mismos, en algo mejor.

Transformar nuestro potencial en realidad. De hecho, cuando transformas la materia en algo más útil también te cambias a tí mismo y a los demás.

En aspectos más medibles económicamente, ser productivo, es ser autosuficiente para vivir, con los gastos que tienes que realizar, no solo para ti, sino para tu familia y que aún te sobre para formar un patrimonio.

Ser productivo, es producir lo necesario para solventar tus gastos y multiplicar el patrimonio para futuras generaciones, que también lo sepan acrecentar para el bien común. O sea, ser autosuficiente y sustentable.

No ser productivo, es comerse el patrimonio, creado por otros y no ser autosuficiente.

Difícilmente alguien adulto, capaz, podrá ser feliz, sin ser productivo. Me parece imposible. Es como creer que puedes ser hombre o mujer sin pensar, o más aún, sin respirar.

Sin embargo sí se puede ser productivo y no ser feliz. Es más, es bastante común. Esto se debe a enfocar los resultados de la productividad equivocadamente.

Mi idea en este libro, es expander nuestra productividad y expander nuestra felicidad.

Para lograr esto, me propongo junto con el lector, entrarle por el lado de aumentar nuestro desarrollo personal, expandiendo nuestras capacidades de inteligencia y sobre todo de inteligencia emocional, que nos ayuda a modelar nuestras creencias, intenciones, comportamientos y nuestros resultados.

Transformar tu inteligencia emocional, hacia una emocionalidad equilibrada, madura, positiva, entusiasta, optimista y aterrizada, dentro de circunstancias de dificultad, de reto, de incertidumbre, de conflicto.

El hombre, la mujer, han demostrado a lo largo de la vida humana, que algunos son capaces de superar las dificultades de la vida y que otros ante similares circunstancias no las superan y se encuentran abatidos y frustrados. No es en sí la circunstancia, sino la actitud de la persona la que logra la productividad y también la felicidad.

Tu actitud, tu intención, tus pensamientos tienen más que ver con la emocionalidad equilibrada, que con la circunstancia exterior que te envuelve, te presiona, te atemoriza.

Tu actitud, tu intención, tus pensamientos tienen que ver con lo aprendido de pequeño, pero lo maravilloso es que también se transforman de acuerdo a la evolución, decisión, influencia de otros y a tu voluntad.

En este libro recorrerás la aventura de hacer cambios en tus pensamientos, percepciones, intenciones y actitudes. Verás los resultados de hacer estos cambios, en los frutos que eres capaz de producir.

Verás que de lo intangible que es un pensamiento, una intención, una percepción, se desencadenan efectos tangibles como estar saludable, o estar enfermo. Verás que la química del cuerpo que es tangible obedece al mundo intangible de tus pensamientos, intenciones, percepciones y deseos.

La idea es enfrentarte al mundo del trabajo, que ciertamente proviene de un pensamiento que dice "trabajarás con el sudor de tu frente para lograr tu sustento", y otro que dice "en esta vida, nada es gratis" o bien "todo tiene su costo" y otro que dice "cada acto tiene sus consecuencias".

Prepararte para afrontar estas presiones, frustraciones, sorpresas, aventuras, retos, es el objeto de este curso. Afrontarlas para resolverlas productivamente dando frutos y emocionalmente equilibrado.

La pasión para vivir, por un lado que te da *Fuerza* y la capacidad para asimilar positivamente la frustración que te da *Resistencia* por el otro lado, serán los retos qué afrontar.

Cada persona tendrá un punto de partida de acuerdo a sus circunstancias y un punto de destino de acuerdo a su trayectoria, distinto, así que la personalización de este curso será muy importante y de hecho el segundo capítulo, establece ese punto de partida de cada quien.

Tu estilo personal, tu proceso pensante natural, tus intereses y valores, tus emociones particulares, tu dominio de las habilidades de Inteligencia Emocional.

Algunas personas tienen una niñez más cómoda y en esos casos se dan 2 posibilidades:
- dormirse en sus laureles y no dar un salto cuántico para transformarse productivamente y
- aprovechar su potencial a favor de sí mismo y de los demás contribuyendo productivamente y dando valor.

Aquí motivaremos a las personas para encauzarlos al segundo caso.

También sucede con las personas que parten de una niñez difícil y en contra de su felicidad:
- las que quedan resentidas contra los demás y se vuelven en contra de la sociedad y
- las que precisamente por sus dificultades, al irlas superando se convierten desde pequeños, en grandes hombres maduros. Por ejemplo chicos que perdieron

el sostén de su familia y se encargan de sus hermanos menores. He conocido muchos de ellos y me consta que son personas que tiene una valía de grueso calibre que luego llegan muy lejos y no se les atora nada, con estudio o sin estudio profesional.

Aquí motivaremos a ambos casos, para encauzarlos a la productividad positiva emocionalmente.

Reproduzco una reflexión que se refiere a personas con niñez difícil:

> The most beautiful people we have known are those who have known defeat, known suffering, known struggle, known loss, and have found their way out of the depths.
>
> These persons have an appreciation, sensitivity and an understanding of life that fills them with compassions, gentleness, and a deep loving concern. Beautiful people do not just happen.
>
> Elisabeth K¨ubler Ross

La evolución hacia la madurez, tiene mucho que ver con la unión entre varias personas, compartir sus pensamientos, percepciones, emociones, convivir, ayudarse, colaborar y son actos importantes para tu salud emocional.

La madurez emocional tiene mucho que ver con el equilibrio y éste consiste en sentir amar y sentir ser amado, en inhalar y exhalar, en acercarte y sentir acercamiento, en alcanzar y que te alcancen, en dar y recibir, en saludar y ser saludado, en entregar y recoger, en sembrar y cosechar, en tensionar y soltar, en vender y comprar, en innovar y mantener el orden, en comprender y ser comprendido, en trabajar y descansar, en perdonar y ser perdonado, en bendecir y ser bendecido.

El equilibrio se logra cuando se armonizan estos procesos de dar y recibir; y para armonizar se requiere traslaparlos, unirlos delicadamente, sutilmente, siendo eficiente y responsable en el costo de dar y siendo agradecido y satisfecho en el beneficio de recibir. Aquí es donde se requiere de tu voluntad, de tu intencionalidad, de tu sensibilidad para armonizar extremos, que parecen opuestos, pero que en realidad son 2 caras, pero de la misma moneda.

El proceso que vamos a seguir es algo de teoría, que enciende la mente, robustecida con preguntas y respuestas, ejercicios de aplicación general y ejercicios de aplicación personal, que encienden el corazón y la emoción.

"Enjoy the trip"

INTRODUCCIÓN COMPLEMENTARIA

Este libro trata de ayudarte a manejar tanto la cruda realidad del mundo físico como la posible realidad del mundo intangible, espiritual. Lo haremos profundizando en algunos conocimientos pero también en los sentimientos. Daremos énfasis a los sentimientos, debidamente interpretados por los pensamientos.

Del Mundo Físico:

Las enfermedades, los peligros de accidentes, los detalles de la comida, de sus sabores y de su cocimiento y preparación, los detalles del dinero, del trabajo con todos sus oficios, de la renta del capital, de la familia, padre, madre, pareja, hijos, sus conflictos y sus felicidades, del estudio de las diversas materias, del trabajo tanto remunerativo como el no remunerativo como el de la casa, de la colonia, de la ciudad, del estado, del país y de las naciones, las razas diferentes, sus comportamientos y culturas diferentes, los deportes, los entretenimientos, el ejercicio, el arte.

Todas estos eventos, conocimientos y situaciones mencionados, tiene un impacto en tu ser. De ti depende que sean para tu bien y crecimiento de tu potencial para agregar valor a ti y a los demás, o que sean, una desgracia para tu bien ser. La cultura de productividad significa que los veas siempre como una bendición, algunos que te impactan muy favorablemente y de un desafío o reto para tu crecimiento cuando se trata de un impacto aparentemente negativo. Este último aspecto es la base de la cultura de un guerrero.

Poder integrar con cultura productiva e inteligencia emocional de respeto y convivencia todos estos temas, te da productividad y felicidad, haciendo estos tres pasos, primeramente:

1- **Adquiere un conocimiento General del Tema**. Conocer los fines, las mejores prácticas y sus consecuencias o resultados.

2- **Actúa profundizando**. Actuando Responsablemente. Todo lo que te ocurre es por algo. Ejecutar algunos temas, dominándolos, en la medida de tu Determinación te da aparte de conocimientos, habilidades.

   Unos temas que te toca enfrentar, son de *desconocimiento total*, ni suficientes conocimientos y menos habilidades, en este caso, hay que saber respetarlos y preguntar, consultar sobre los mismos a gente o fuentes que los dominen.

   Otros son de *conocimiento general*, donde no dominas los detalles ni has desempeñado las mejores prácticas relacionadas con ese tema. En estos casos y dependiendo de las consecuencias hay que decidir si lo ejecutas o consultas e investigas más o buscas complementarte con gente que posea las habilidades. Complementarte con alguien requiere de Inteligencia Emocional.

Otros son de dominio en profundidad, donde dominas tanto lo general como los detalles, los diferentes ciclos o etapas. El bosque y los árboles con sus ramas, hojas y raíces. Conocimiento y habilidad. En este caso se trata de "Ser bueno", en las mejores prácticas, de esa tema en particular, para dominar tanto lo general como también los detalles. Nunca terminas de aprender, aquí es, donde se encuentra, el jugo de tu aprendizaje y de tu transformación. En los temas que quieres ser experto, existe una regla general que al menos debes dedicarle 10,000 horas con profundidad para llegar a ser algún día experto. Esto es cultura productiva.

3- **Usa tu Inteligencia Emocional**. Desarrollando tu inteligencia emocional para atenuar los conflictos naturales por falta de respeto a los demás, que surgen de la convivencia humana. Poder manejar una inteligencia emocional que te permita pasar a la siguiente etapa después de evitar conflictos, que es la de conseguir trabajar en equipo, en armonía, con empatía y con Responsabilidad Social. Esta es la etapa activa del amor, para crecer deliberadamente junto con los demás en la solución de cada uno de los temas que hayas elegido donde actuar.

Del Mundo Espiritual:

Las causas de las enfermedades, de los accidentes, de los encuentros de gente disque coincidentes, las energías que nutren el cuerpo además de la comida y del ejercicio, los ciclos de la vida y los cambios en los pensamientos que ocurren con estos ciclos, las fuerzas de la naturaleza alrededor de la energía del sol, el sentimiento por los seres queridos ausentes, el sentimiento de haber sido creados, el sentimiento, la emoción de la evolución vegetal, animal y humana, el sentimiento de que venimos de una sola fuente, con iguales aspiraciones a la larga, la emoción de tus percepciones y sentimientos acerca de más allá de la muerte.

Poder integrar con cultura productiva e inteligencia emocional, la inteligencia espiritual, que está a nuestro alcance si lo deseas alcanzar.

Poder integrar con cultura productiva e inteligencia espiritual los 3 pasos mencionado dentro del mundo físico con los 2 pasos que a continuación menciono:

4- **Siente las fuerzas de la naturaleza y su evolución**. Sentir que existe una causa de orden espiritual que ocasiona muchos de los acontecimientos físicos que te suceden. Lo intangible de un pensamiento o de un sentimiento, origina efectos físicos. Un pensamiento positivo, origina sustancias que te hacen sentir bien y un pensamiento negativo origina sentimientos negativos que te hacen actuar en conflicto con los demás y lo más importante, en conflicto contigo mismo, ocasionando finalmente una enfermedad, porque te saca del equilibrio natural.

5- **Relaciónate, conéctate**. Realizar como práctica deliberada la de relacionar sutilmente lo que te ocurre en el mundo físico con lo que de fondo quieres, deseas, piensas y amas. Conectarte con Dios o quien tú creas que es lo superior, lo que penetra todo, el alma de todo.

Conectarte con el objetivo, con el posible resultado deseado, como el cazador se conecta con su presa o el tirador con arco y flecha se conecta con el blanco.

Poder integrar con cultura productiva, inteligencia emocional e inteligencia espiritual, tus pensamientos, tus sentimientos y tus acciones deliberadas.

A algunas personas que son muy intuitivas se les facilita más empezar por éstos últimos 2 pasos, el 4 y el 5, y luego hacen los primeros 3. A otras personas, se les facilita más, empezar por los primeros 3 pasos y luego aprender y desarrollar los otros 2, los que son sumamente lógicos.

Con esto, consigues Productividad y Felicidad.
En este libro construiremos una cultura de Productividad y Felicidad dándote los pasos a seguir para tu introspección, que manejes los recursos de tu mente, cuerpo y espíritu, tus disciplinas para conseguirlo. Navegaremos los elementos de tu ser, para alinearlos en esta cultura de Productividad, en armonía para ser feliz.

I- INTELIGENCIA EMOCIONAL, COMPORTAMIENTO, PROCESO PENSANTE Y HABILIDADES NATURALES

Una inteligencia emocional alta o fuerte, es aquella que te permite, mantener un equilibrio sano entre tu cuerpo, tu mente, tu alma, y las personas que te rodean, aún en momentos de alta tensión, dificultad o conflicto.

Cuando las circunstancias son favorables y confortables y no pierdes el piso, no pierdes tu cara a la verdad, no pierdes la armonía, es también señal de una inteligencia emocional alta o fuerte. Cuando existe la rutina y los actos comunes y corrientes como vestirse, comer, saludar, atender lo elemental y te encuentras alegre, jovial, entusiasta, emprendedor y ayudador también es señal, de una inteligencia emocional alta o fuerte.
Cuando la persona es equilibrada y positiva en los tres escenarios mencionados, entonces se demuestra, que sí es de alta inteligencia emocional.

Algunos ejemplos de alta inteligencia emocional, son Jesucristo, Buda, Ghandi, la Madre Teresa de Calcuta, el Papa Juan Paulo II, muchos monjes de la India, Don Eugenio Garza Sada, algunos pocos deportistas que llegan a la cumbre y que mantienen una vida sencilla, familiar y productiva, algunos empresarios que trabajan en la generación de riqueza para todos los que lo rodean (empleados, accionistas, clientes, proveedores, comunidad), algunos médicos que salvan vidas y se mantienen ricos en su vocación y su integración con la comunidad que sirven, algunos pilotos que salvan un desastre por su preparación, integridad en su oficio y su calma.

Una inteligencia emocional inmadura, no desarrollada, es cuando se deja la persona dominar o esclavizar por sus temores, o por sus deseos de una comodidad exagerada, o por sus deseos de una ambición inmoderada, que desequilibran a tu sistema emocional. Cuando esto sucede, se dice en términos coloquiales, te ganaron las ganas de algo, que al final te das cuenta no vale la pena.

Tu sistema emocional está diseñado para comunicarte cuando hay desequilibrio, cuando hay amenazas a tu integridad, cuando hay apegos personales, adicciones que te esclavizan y perjudican a tu salud tanto física como mental y por supuesto emocional.

Una analogía ejemplificativa es el instrumento que en el automóvil mide la temperatura del motor. Te comunica cuando está demasiado caliente (en rojo) y si no lo atiendes va a dejar de funcionar todo el automóvil, se va a dejar de mover, aunque sus pistones, su transmisión, sus llantas estén en muy buen estado.

En tu cuerpo puede pasar igual, si tus emociones están al rojo vivo, aunque tu corazón, tu cerebro, tus brazos y piernas estén en buen estado, se puede descomponer tu correcto funcionamiento.

Cuando desarrollas tu sensibilidad y fortaleza emocional, puedes llegar a percibir grados delicados de influencia emocional. Una mentira, una envidia, una calumnia pueden ser detectados por tu sistema emocional desarrollado. De hecho tu sistema emocional está diseñado para percibirlo, lo que falta, es desarrollar esa comunicación con tu mente para acabarla de percibir completamente, en el cuerpo y en la mente, en la realidad y en la conciencia. La quinesiología estudia esas manifestaciones corpóreas ante un engaño, ante una tensión, ante una sorpresa y cada vez se demuestra más, que una mentira, una verdad, una mala intención o sea intención de causar daño, o una buena intención se nota corpóreamente aunque tus palabras no lo digan o lo traten de ocultar.

Cuando estás en equilibrio, cuando tu cuerpo, tu mente, tu alma están coordinados, cuando tienen alta importancia para ti, los 3, cuando tienes conciencia de que los 3 juegan de manera importante su rol, para cada pensamiento y cada acción que tú hagas, entonces tu sistema emocional, está en buena condición y te sientes en paz, tienes energía para dar, energía para recibir.

De allí la frase "Por sus frutos los conoceréis".
Los frutos (resultados fructíferos) son siempre, paz y energía para dar y recibir, unión, confianza, gozo.
Si se dan estos frutos, quiere decir que lo que estás pensando, lo que estás haciendo (ejecutando) y tus intenciones están en sintonía. Tu sistema emocional te avisa que estás OK. Estos frutos no son solo para ti, son para los que te rodean igualmente.

Estar en equilibrio no es estar 50 % de tu tiempo recibiendo y 50 % de tu tiempo dando.
No es algo lineal, ni del todo racional, es una armonía donde se refleja en cada momento, la necesidad de los 2 extremos, sin polarizarse.
En muchos casos de alta inteligencia emocional, es mucho más el tiempo y la energía para dar y sembrar, que para recibir y cosechar. Con eficiencia en el uso de la energía para no desbalancear, para posponer la gratificación y cuando se llega

la hora de cosechar, se responde con un agradecimiento natural y permanente.

Muchos que profesan las políticas y leyes de solo tener derechos y evitar las obligaciones, adolecen de inteligencia emocional, porque se van a situar en uno solo de los extremos de los procesos naturales, solamente. Esta posición y las acciones repetidas en este sentido, resultarán, tarde o temprano, en su desequilibrio emocional y en una pérdida de confianza.

Cuando no estás en equilibrio, tu energía que hay en ti, está dividida, cuando tu sistema emocional, te causa una emoción negativa o sea que no sientes Paz, ni confianza, ni armonía en el dar y recibir, sino más bien amenaza, cuando te infundes de temores, te sientes bajo de energía, es cuando te está avisando de que hay algo que tienes que atender para restaurar o reencontrar tu equilibrio básico, para poder inhalar y exhalar armónicamente. Haz de cuenta que un sentimiento negativo es una señal, de que estás en rojo, en lo que se refiere a tu emocionalidad. Que no estás en condiciones de operar normalmente.

Algunos ejemplos de avisos a tu persona, a través de lo que te dice tu sistema emocional, que te habla mediante sentimientos o emociones negativas, son muchos:
Vergüenza, pena, dolor, soledad, tristeza, sentirse incomprendido, víctima, coraje, intranquilidad, desasosiego, ansiedad, enojo, ira, apatía, lástima, arrepentimiento, envidia, desesperación, frustración, depresión, decepción, amargura, abatimiento, aburrimiento, hastío, miedo, pavor, fobia, vacío, sin ganas, con una manía que no controlas, con una adicción que no controlas, derrotado, fracasado, imperdonable, inconquistable, etc. etc.

Con estos avisos de tu sistema emocional, hay que decirte a ti mismo: "Gracias, ya me dí cuenta de un problema (está en amarillo o rojo mi emocionalidad) y debo atenderlo". Coordinando mis tres entes, mi cuerpo, mi mente y mi alma de manera inteligente. Primero decirle a tu mente, vamos a detener el funcionamiento, vamos indagar y vamos a ver sus posibles causas y vamos a intentar algunas soluciones bien coordinadas. Vamos al taller de restauraciones, al diálogo conmigo mismo o con algunos amigos, al gimnasio para fortalecernos, ya sea algunos músculos, órganos o movimientos, pero también para explorar a nivel taller o gimnasio, otros surcos neuronales, acudir a la reflexión, para digerir y consultar con la almohada.

Decirte a tí mismo que un sentimiento negativo, no es un mal incurable, es un aviso para redirigir a tu mente, a tu cuerpo; está al alcance de tus posibilidades, incluyendo las ayudas de las que puedas disponer. Tu diseño original, es el de la paz y el equilibrio y con ello tu felicidad.

Los frutos o resultados fructíferos son unos cuantos (paz, gozo, amor), los resultados negativos son muchos posibles, pero todos derivados de la necesidad, de darte un aviso, por parte de tu sistema emocional, para que lo repares, para restaurarlo.

Ser inteligente emocionalmente es tener esa capacidad, esa habilidad personal, de restaurar por sí mismo (o con la ayuda que tienes a tu alcance), tu equilibrio emocional, tanto en circunstancias favorables y de comodidad, como en circunstancias difíciles. Primero aprende a hacerlo en circunstancias favorables y luego según tu desarrollo, avanza a hacerlo en circunstancias no favorables.

PRACTICA INICIAL PARA AUMENTAR LA INTELIGENCIA EMOCIONAL

Un primer impulso muy valioso a la Inteligencia Emocional es tomar control de las cosas sobre ti mismo. De ti depende lo que te acontece. Tú puedes cambiar lo que te acontece.

El segundo gran impulso a tu Inteligencia Emocional son los 4 Acuerdos que hay que hacer contigo mismo y que los expone el Dr. Miguel Ruiz

Dr. Miguel Ruiz. Los 4 Acuerdos

1- Sé impecable en lo que dices. No exageres, ni minimices, solo describe tal cual es. No juzgues, ni critiques.
2- No personalices lo que otros hacen o crees que te hacen a ti.
3- No supongas. Pregunta, confirma, valida.
4- Haz tu mayor esfuerzo en lo que debes. No de más, que te podría forzar de más; no de menos, que te podría dejar con dudas.

Te darás cuenta de que el mundo que percibes es diferente cuando tomas tu vida bajo estas premisas, bajo estos 2 impulsos mencionados.

El tercer impulso es la lectura de este libro, con toda profundidad en cada una de las 16 habilidades que integran tu inteligencia emocional. Te pondrás en control de ti mismo y de tu interacción con los demás. Liderarás tu entorno, armonizarás tu vida.

A- COMPORTAMIENTO, PROCESO PENSANTE, INTERESES. PERFIL HUMAN SIDE

COMPORTAMIENTO

Aprendes comportamientos, desde niño, al ver a tu alrededor, quienes te rodean. Existe una parte del cerebro que lleva la función de imitar actos, de conectar con tu sistema motor y llevar a la práctica lo que tu cerebro captó.

Los pajaritos ven volar a su mamá y cuando emprenden por primera vez el vuelo ya saben mover parte de su cuerpo según lo que vieron.

Además existe una carga genética que también te ayuda a realizar ciertos actos con más facilidad física y mental que otros.

Moverte rápido, como caminar rápido se aprende desde niño imitando generalmente a tus padres o las personas con quienes te acompañan más en tu crecimiento y luego con tu conciencia y madurez puedes ir modulando la velocidad.

Tu propia conciencia e inteligencia te va haciendo comportarte como te comportas, sobre todo a base de que te vayan aceptando los demás y te vayas aceptando tú mismo o no aceptando, sobretodo en determinados comportamientos. Está en ti, cambiar algunos comportamientos.

Algunos rasgos de comportamiento que en particular vamos a analizar en este libro, son los siguientes:

Empuje para actuar cambiando las cosas de alrededor, (proactivo) o bien comportarse pasivamente sin querer cambiar las cosas, sino dejarlas como están. En qué grado. Siempre, o solo bajo ciertas circunstancias.

Relacionarse con los demás ya sea de forma muy emocional o de forma muy directa al grano. En qué grado. Siempre, o solo bajo ciertas circunstancias.

Concentrarse en una o varias cosas o eventos, o tratar de atender varios a la vez. En qué grado. Siempre, o solo bajo ciertas circunstancias.

Actuar bajo preceptos de orden y reglas e instrucciones siguiéndolas o actuar sin precedentes y sin reglas. En qué grado. Siempre, o solo bajo ciertas circunstancias.

Tomar decisiones rápidamente o reflexionar largamente. En qué grado. Siempre, o solo bajo ciertas circunstancias.

Reaccionar pacientemente o con mucho sentido de urgencia. En qué grado. Siempre, o solo bajo ciertas circunstancias.

PROCESO PENSANTE

Pensar lógicamente, o analíticamente, o intuitivamente, o visionariamente y en qué grado. Con cuál combinación o mezcla de polos pensantes y en qué grado.

INTERESES

Respondiendo a un interés personal, con una intención de fondo, de saber más (búsqueda de la verdad evidente), o de ganar más (búsqueda de la riqueza), o de poder sobre los demás (búsqueda del poder político), o de satisfacer un gusto estético (arte y manifestaciones estéticas) o de ayudar a los demás más (servicio social), o de vivir bajo principios universales y naturales de orden (ética, religiosidad o espiritualidad). Con cuáles de ellos preponderantemente o con cuál mezcla y en qué grado.

Con alta inteligencia emocional estos comportamientos, naturales o adquiridos, se tamizan, se regulan, se modelan, se modulan, se suavizan bajo la conciencia del impacto positivo o negativo que tienen sobre los sentimientos y emociones de los demás.

Con baja inteligencia emocional al no haber mucha sensibilidad y conciencia del impacto que tienen estos comportamientos en los sentimientos y emociones de los demás, hay insensibilidad para cambiarlos.

B- HABILIDADES NATURALES

De la naturaleza aprendemos ciertas cualidades que admiramos y que las podemos ver en nosotros mismos en mayor o menor grado.

La Fuerza de un toro, de un oso, de un elefante o de un gran roble.

La Resistencia de un ave o de una mariposa que viaja 2,000 millas, o de una planta que aguanta todas las estaciones del año.

La Agilidad y velocidad de un leopardo, de una mosca.

La Flexibilidad de un bambú o de una serpiente o de un gato.

El Equilibrio, el balance de una gaviota, de una ardilla, la simetría de una hoja.

La Determinación de una abeja reina.

¿Cuáles de estas cualidades o habilidades quieres tener y en qué proporción?
¿Para qué las necesitas?
¿En qué grado las necesitas?
¿Cuáles son los límites de cada una?

Alto nivel de Fuerza bruta, a veces va en contra de la Flexibilidad.
Alto nivel de Agilidad, a veces va en contra de la Fuerza.
Alto nivel de Resistencia, a veces va en contra de la Flexibilidad.
Alto nivel de Determinación, a veces va en contra del Equilibrio o balance.

En los animales estas habilidades naturales les viene, sin pensar; en los humanos podemos escoger, podemos perfilar nuestras habilidades según lo que queremos y descubramos que podemos hacer.

Para ser productivo se requiere de ciertas habilidades naturales. Dependiendo del deporte, ejercicio o actividad de que se trata, una de estas habilidades se requiere más que otra.

Para cada deporte o especialidad que demanda de actividad física, el perfil o sea la mezcla de dichas cualidades es diferente. Un maratonista o un atleta de carrera de 100 metros, un beisbolista o un tenista, un boxeador o un esgrimista. En todos se requiere de las 6 cualidades o habilidades mencionadas, pero la proporción es distinta. En todas se requiere de una altísima determinación sobre todo en niveles de alto rendimiento, pero por ejemplo la resistencia que es tan importante en un maratonista no es tanto para el atleta de carrera en 100 metros. La velocidad o agilidad es más importante en el atleta de carrera de100 metros que en el maratonista.

En el caso del trabajo profesional hay habilidades similares a dicha cualidades:

Fuerza es firmeza y contundencia, alta energía para ejecutar.
Resistencia es persistencia, es capacidad para aguantar oposiciones reiteradas.

Flexibilidad es habilidad para adaptarse a nuevos retos y nuevas dificultades cambiando de enfoque. Es poder ser versátil y manejar varios asuntos a la vez. Es habilidad para moldearse de otra forma en habilidades y reaccionar rápido en ese remoldeamiento. Es habilidad para reperfilarse internamente.

Agilidad es velocidad de pensamiento para analizar y llegar a conclusiones. Velocidad para actuar rápido.

Determinación es tener el rumbo claro y apostar la vida personal por ese rumbo, es rapidez y firmeza para tomar decisiones acordes a ese rumbo, a esa intención. Determinación es Independencia y en el capítulo correspondiente lo tratamos ampliamente.

Equilibrio es tener balance, tener simetría, armonía, coordinación entre miembros corporales, entre lado derecho y lado izquierdo del cuerpo, entre brazos y piernas, entre cuerpo y mente, poderse sostener en el alambre, cerca del precipicio, caminar, correr y tener gestos corporales armónicos.

En todos los trabajos se requiere de las 6 competencias o cualidades, sin embargo en algunos trabajos una habilidad o competencia, es más importante que otra. Por ejemplo en Producción de productos y procesos estables es más importante la Agilidad y la Fuerza que la Flexibilidad, pero en Ventas a muy diferentes clientes con una gran diversidad de productos se requiere más la Flexibilidad que la Fuerza.

Aquí también la Determinación es muy importante para todos los trabajos. Sobre todo, en los trabajos con altas exigencias de competitividad.

A continuación una tabla con la equivalencia entre estas habilidades naturales, con los parámetros de los perfiles Human Side y HSEI, que nos van a servir para señalar el punto de partida de cada quien cuando obtengas tu perfil.

Luego podrás evolucionar tu mezcla de habilidades naturales, deseadas o bien requeridas para tu trabajo, y así, satisfacer tus deseos de superación, si estás dispuesto a esforzarte y aprender. Así podrás ser más productivo.

HABILIDADES NATURALES	COMPORTAMIENTO	INTELIGENCIA EMOCIONAL
Determinación	Empuje con persistencia	Auto Concepto, Independencia, Realización Personal
Fuerza	Empuje, Inteligencia Racional	Asertividad, Objetividad
Resistencia	Persistencia, Reflexión	Tolerancia a la Presión, Control de Impulsos
Agilidad	Versatilidad, Sentido de Urgencia	Relaciones Interpersonales, Solución de Problemas
Flexibilidad	Intuitividad, Influencia	Empatía, Adaptabilidad
Equilibrio	Balance	Conciencia de Emociones, Responsabilidad Social, Optimismo, Felicidad

En el siguiente capítulo medimos estas habilidades naturales, de acuerdo a tu perfil Human Side de comportamientos y tu perfil de Inteligencia Emocional.

C- EJERCICIOS

1- Prueba un caso en donde te sientas criticado y rechazado y aplica con esa persona que te critica y te rechaza el acuerdo de NO PERSONALICES, no es contra ti, es contra algo que trae interno la persona y su reacción es a rechazarte.

2- Prueba un caso que hayas juzgado y criticado y te haya causado problemas. Piensa en por qué no debes de juzgar. Piensa en cómo comunicar tu opinión, no tu sanción dogmática.

3- Prueba un caso en que hayas exagerado y hayas afectado a alguien. Prueba qué hubiera pasado si lo pones en su justa dimensión, no salpicada con tus emociones inmaduras.

4- Prueba un caso donde te hayas quedado corto en tu actuar. Donde te hayas desanimado antes de tiempo.

5- Prueba un caso donde hayas trabajado de más, esforzado de màs y no hayas conseguido el objetivo y piensa ¿por qué podría ser?

D- PREGUNTAS

Los Frutos de una persona con alta inteligencia emocional son:
   a) Reconocer a los demás
   b) Poder discutir con todos
   c) Paz, tranquilidad, armonía, gozo, unión, confianza
   d) Lograr imponer su razón

Las Emociones negativas son:
   a) Inexplicables, ni solucionables
   b) Un aviso de tu sistema emocional para que te detengas a reflexionar y restaurar tu equilibrio
   c) Respuestas que tienes que dar sin pensar
   d) Un castigo de tus padres

El equilibrio consiste en:
   a) No tener energía
   b) Armonizar los extremos de un proceso natural de dar y recibir
   c) Decir lo que sientes
   d) No hacer caso de las frustraciones

Los 4 Acuerdos mencionados por el Dr. Miguel Ruiz son:

II- PERFIL HUMAN SIDE E INTELIGENCIA EMOCIONAL

El punto de partida es conocer algunos rasgos de tu comportamiento.

La idea es hacerlos explícitos y que los dialogues contigo mismo.

Existen en ti, tres niveles de conciencia, el <u>subconsciente</u> que tiene almacenados y programados muchos rasgos de comportamiento y surcos neuronales de pensamiento, desde tu nacimiento, el <u>consciente</u>, que día con día se da cuenta de lo que pasa en tu estado de vigilia, que se cuestiona algunos rasgos, que se reprograma y el <u>superconsciente</u> que te conecta con tu espiritualidad.

La idea es que tengas este diálogo entre tu subconsciente, tu consciente y tu superconsciente.
El subconsciente te programa para que automáticamente actúes. Es muy rápido y muy poderoso.
El consciente te permite reprogramar algunos rasgos. Depende de tu intención, tu voluntad, tu disciplina, tu diálogo contigo mismo.
El superconsciente te permite trascender a un nivel superior más allá del material.

Observa tu manera de ser y contesta los cuestionarios correspondientes.

Sé honesto en tus contestaciones y trata de retratar tu manera de ser actual, tus gustos y preferencias actuales.

En el perfil tuyo Human Side veremos tus maneras de llegar a Roma, rápido, lento, superficial, profundo, aproximado, exacto, metódico, desordenado, paciente, desesperado, etc.

Veremos también tus preferencias en lo que más te hace sentido, para conocer y dominar en este mundo. Ciencia, Riqueza económica, Arte, Poder, Servicio, Justicia.

Veremos también tus preferencias en cuanto a procesos pensantes y uso de procesos pensantes polares y surcos neuronales. Lado izquierdo o derecho del cerebro, conceptual o específico.

En tu perfil HSEI veremos 16 habilidades tuyas de Inteligencia Emocional.

INTRAPERSONAL
Auto Concepto.
Conciencia de emociones
Independencia emocional

INTERPERSONAL
Asertividad
Empatía
Responsabilidad Social
Relaciones Interpersonales
Resolución de Conflictos

REALIZACION PRODUCTIVA
Objetividad
Flexibilidad
Solución de Problemas
Realización Personal

MANEJO DE ESTRES
Tolerancia al stress
Control de Impulsos

ACTITUD EN LA VIDA
Optimismo
Felicidad

A continuación una explicación de cada una de las variables tanto de Human Side como de HSEI, para que al menos, conceptualmente puedas interpretar tu perfil y el perfil de otros. Se requiere de un acompañamiento de alguien, que haya ya visto, conocido, interpretado y validado muchos perfiles distintos para evitar errores de interpretación.

II.1- Human Side

Human Side es una herramienta de diagnóstico que nos permite hacer una apreciación de las características predominantes del ejecutivo en términos de:

- **Estilo de Comportamiento**
  Describe la manera en que responde el ejecutivo a los diferentes estímulos del medio ambiente.

- **Intereses y Valores**
  Describe los intereses profesionales del ejecutivo y sus principales motivadores.

- **Proceso Pensante**
  Describe la preferencia de pensamiento del ejecutivo, la forma en que resuelve problemas, desarrolla proyectos, aprende y se comunica con los demás.

Human Side tiene como propósito ayudar al ejecutivo a identificar su Estilo Gerencial y a aprovechar más plenamente su talento y potencial. El **Estilo Gerencial** es una descripción general en términos de habilidades gerenciales como: liderazgo, comunicación, toma de decisiones, delegación, control del tiempo y desarrollo de subordinados.

Es importante señalar que no hay perfiles buenos ni malos y que los diferentes estilos representan diferentes maneras de actuar y de lograr resultados.

¿Qué mide el Estilo de Comportamiento?

La manera en que responde la persona (estilo de comportamiento) a los diferentes estímulos del medio ambiente. Forma de actuar, decidir y relacionarse con los demás.

Variables para describir el Estilo de Comportamiento (DISC)

Drive / Empuje
Empuje y determinación para obtener resultados a pesar de las dificultades.

Alto Empuje significa determinación y coraje para enfrentar problemas, retos y dificultades y lograr transformaciones importantes.

Bajo Empuje significa cordialidad y colaboración para apoyar a otros en la solución de problemas y dar estabilidad a las operaciones.

Influence / Influencia
Capacidad para influenciar positivamente a la gente.

Alta Influencia significa iniciativa social. Capacidad para persuadir, motivar y convencer a otros con entusiasmo y optimismo.

Baja Influencia significa enfoque técnico y objetivo. Mayor orientación a trabajar con datos y números que ha interactuar con la gente.

Steadiness / Constancia
Capacidad para trabajar con persistencia, constancia y concentración.

Alta Constancia significa trabajar con pocos proyectos o asuntos a la vez pero con mucha concentración y profundidad.

Baja Constancia significa trabajar con muchos proyectos o asuntos a la vez pero con mucha versatilidad y alto sentido de urgencia.

Compliance / Cumplimiento
Apego a normas y procedimientos. Orientación a evitar errores y problemas y trabajar con precisión y calidad.

Alto Cumplimiento significa apego a normas y orientación al detalle. Disposición para actuar y decidir con cautela para evitar errores.

Bajo Cumplimiento significa libertad de acción. Orientación a actuar en forma independiente con iniciativa y decisión.

Gráfica Estilo Observado
Describe el estilo de comportamiento más representativo que los demás observan de la persona. Me dice cómo me ven los demás. Realmente es una inferencia que hace el sistema tomando en cuenta que la persona en muchas ocasiones utiliza su estilo natural pero también en otras utiliza su proyectado y

con todos esos estilos de comportamiento los demás se forman una idea particular acerca de la persona.

Gráfica Estilo Proyectado

Describe el comportamiento que la persona quiere proyectar ante los demás y la forma en que responde cuando está en ambientes favorables. Es el estilo de comportamiento más vulnerable de la persona y tiende a cambiar cuando los estímulos en el trabajo se modifican. (Por ejemplo si cambia de empresa, de puesto o de jefe).

Esta gráfica señala la motivación de la persona por ajustar su estilo de comportamiento de acuerdo a lo que él percibe y considera que lo hará más efectivo en su trabajo.

Gráfica Natural

Describe el comportamiento natural y espontáneo de la persona y la forma en que responde cuando está bajo presión (y no tiene tiempo, consciente o inconscientemente, de planear cómo proyectarse o actuar). Es el estilo de comportamiento más arraigado de la persona y que tiende a mantenerse más estable a lo largo del tiempo.

Esta gráfica es muy importante ya que en el trabajo, la persona estará constantemente sujeta a presión y por lo tanto, es muy probable que éste estilo de comportamiento sea el que más frecuentemente utilice y muestre ante los demás.

Si las tres gráficas (Natural, Proyectado y Observado) se mantienen aproximadamente iguales significa que la persona es muy consistente en su manera de actuar y responder, tanto en ambientes favorables como cuando está bajo presión.

Si las tres gráficas (Natural, Proyectado, Observado) muestran cambios en alguna de las variables significa que la persona está haciendo esfuerzos por ajustar sus comportamientos a las demandas de su puesto. Esto puede ser positivo si lo hace en la dirección correcta y si no, implica un cambio radical de comportamiento que pudiera ocasionar un fuerte desgaste.

¿Qué mide los Intereses y Valores?

Los intereses y motivadores de la persona. Los campos o áreas que más le atraen y en los cuáles se orienta y dedica más tiempo y energía.

Variables para describir los Intereses Profesionales (TEASPR)

Teórico
Interés por el conocimiento y por la investigación. Orientación a desarrollar proyectos y resolver problemas a través del estudio.

Económico
Interés por los aspectos económicos del negocio. Enfoque práctico y empresarial hacia el logro de rentabilidad.

Artístico
Interés por la armonía, la forma y lo estético. Enfoque creativo, artístico y cultural.

Social
Interés genuino por la gente y su bienestar. Orientación al servicio y a la colaboración.

Político
Interés por ejercer influencia, liderazgo y autoridad. Búsqueda de estatus y reconocimiento personal.

Regulatorio
Interés por observar con disciplina códigos de conducta y principios morales.

¿Qué mide el Proceso Pensante?

La manera de aprender, procesar información y resolver problemas de la persona. Describe las preferencias de la persona para accesar determinado proceso pensante.

Variables para describir el Proceso Pensante (ALIV)

Pensamiento Analítico
Orientación racional para trabajar con ideas, modelos y conceptos para resolver problemas complejos y para formular planes y desarrollar estrategias.

Pensamiento Lógico
Orientación lógica para trabajar con datos, números e información para resolver problemas operativos y para implementar programas, sistemas y procedimientos.

Pensamiento Visionario
Orientación creativa para trabajar con imágenes, símbolos y metáforas para identificar oportunidades y desarrollar planes y estrategias.

Pensamiento Intuitivo
Orientación empática para leer a la gente y captar e interpretar sus emociones y sentimientos. Facilidad para manejar los aspectos intangibles del negocio.

También se interpreta la combinación de estas variables de la siguiente manera:

Dominancia Izquierda (domina Analítico y Lógico): *Racional, orientado a la solución de problemas.*

Dominancia Derecha (domina Visionario e Intuitivo): *Creativo, orientado a detectar oportunidades.*

Dominancia Conceptual (domina Analítico y Visionario): *Estratega, planeador, conceptual.*

Dominancia Específica (domina Lógico e Intuitivo): *Operativo, implementador, específico, sentido común.*

II.2- INTELIGENCIA EMOCIONAL. HSEI.

¿Qué mide el HSEI?

La capacidad de la persona para enfrentar las demandas y presiones del trabajo y de la vida en general manteniendo un balance emocional positivo.

Variables para describir Inteligencia Emocional

HSEI nos brinda resultados mediante un indicador general, 5 secciones y 16 habilidades las cuales se describen a continuación:

HSEI-Total (Indicador General)

Describe el grado de efectividad general de la persona en el uso de su Inteligencia Emocional.

Sección Intrapersonal
Habilidad para entenderse y estar bien con uno mismo. Esta sección contiene las siguientes habilidades:

- **Auto-concepto**: La habilidad de reconocer y aceptar las propias fuerzas y debilidades. El respetarse y quererse a uno mismo.
- **Conciencia de Emociones**: Estar en contacto con las propias emociones. Tomar conciencia de qué es lo que se siente y que lo ocasiona.

- **Independencia**: El ser autosuficiente, autónomo, e independiente en pensamientos y acciones; carecer de dependencias emocionales.

Sección Interpersonal

Habilidad para relacionarse bien con los demás. Esta sección contiene las siguientes habilidades

- **Asertividad**: Capacidad de expresar emociones, pensamientos y convicciones abiertamente y de manera constructiva.
- **Empatía:** Captar y entender los sentimientos y emociones de las otras personas. Estar en sintonía con lo que el otro siente y por qué se siente así. Mostrarse interesado por el otro.
- **Responsabilidad Social:** Comportarse como un miembro cooperativo, contribuyente y constructivo del grupo social. La habilidad de hacer cosas por y con otros, aceptándolos y actuando de acuerdo a las normas sociales.
- **Relaciones Interpersonales:** La capacidad de formar y sostener relaciones mutuamente satisfactorias caracterizadas por la intimidad y el intercambio de afecto.
- **Resolución de Conflictos:** La capacidad de lograr soluciones a problemas de relaciones humanas, derivados de asuntos de falta de entendimiento, acuerdos y emociones negativas

Sección de Realización Productiva

Habilidad para relacionarse con cosas, datos, asuntos, aparatos, fenómenos naturales con observación, concentración y soluciones. Esta sección contiene las siguientes habilidades:

- **Objetividad**: Evaluar la correspondencia entre lo que se experimenta (subjetivo) y lo que realmente sucede (objetivo). El mantener las situaciones en perspectiva, sin fantasear excesivamente sobre ellas.

- **Flexibilidad**: La capacidad de ajustar sentimientos, pensamientos, emociones y conductas a situaciones y condiciones cambiantes.
- **Solución de Problemas**: El reconocer y definir problemas, así como generar e implementar soluciones potencialmente efectivas.
- **Realización Personal**: La capacidad de reconocer el propio potencial e involucrarse en actividades que resulten significativas.

Sección de Manejo del Estrés
Capacidad para trabajar bajo presión sin perder el control. Esta sección contiene las siguientes habilidades

- **Tolerancia al estrés:** La habilidad de enfrentar situaciones adversas de manera positiva y activa.
- **Control de Impulsos**: La capacidad de resistir o retardar impulsos, de evitar la tentación de actuar.

Sección de Actitud en la vida
Habilidad para enfrentar la vida con una perspectiva positiva. Esta sección contiene las siguientes habilidades:

- **Optimismo**: La habilidad de ver el lado positivo de las situaciones y la vida, aún frente a la adversidad.
- **Felicidad**: Personas satisfechas consigo mismas que realmente disfrutan de la compañía de otras personas y de la vida en general.

II.3- PERFIL HUMAN SIDE Y HSEI.

REPORTE EJECUTIVO

Perfil Human Side y HSEI del Puesto – Director Administrativo

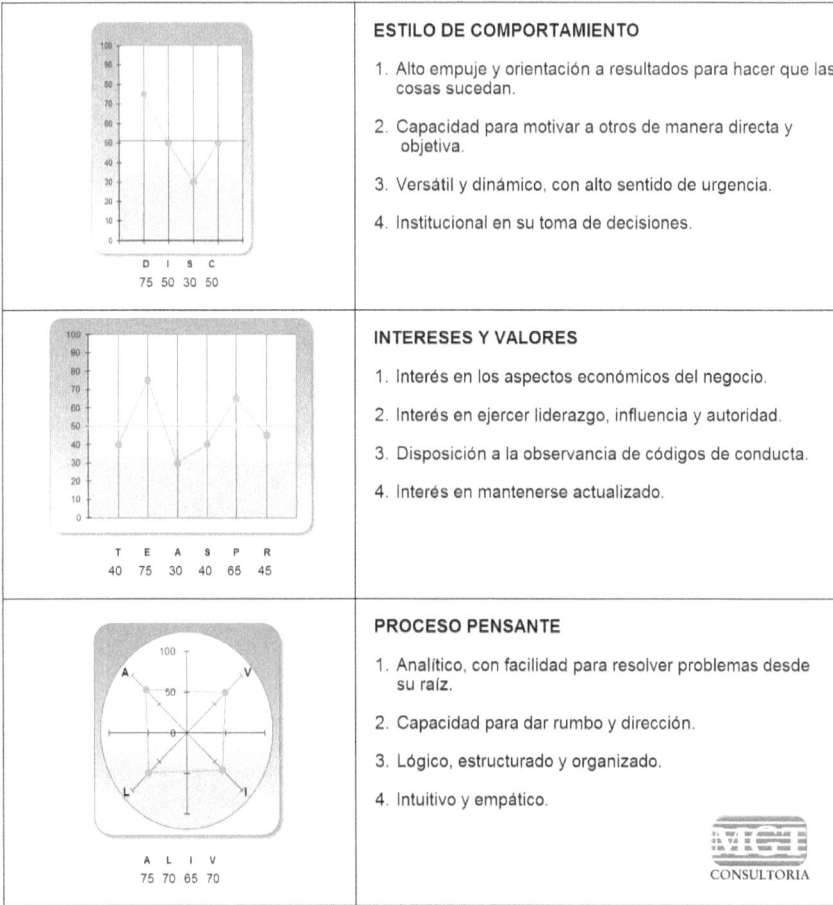

ESTILO DE COMPORTAMIENTO

1. Alto empuje y orientación a resultados para hacer que las cosas sucedan.

2. Capacidad para motivar a otros de manera directa y objetiva.

3. Versátil y dinámico, con alto sentido de urgencia.

4. Institucional en su toma de decisiones.

D   I   S   C
75 50 30 50

INTERESES Y VALORES

1. Interés en los aspectos económicos del negocio.

2. Interés en ejercer liderazgo, influencia y autoridad.

3. Disposición a la observancia de códigos de conducta.

4. Interés en mantenerse actualizado.

T   E   A   S   P   R
40 75 30 40 65 45

PROCESO PENSANTE

1. Analítico, con facilidad para resolver problemas desde su raíz.

2. Capacidad para dar rumbo y dirección.

3. Lógico, estructurado y organizado.

4. Intuitivo y empático.

A   L   I   V
75 70 65 70

HSEI
CONSULTORIA

Gráfica de HSEI del Puesto Director Administrativo

CONSULTORIA **hsei** profile

Resultados HSEI

	Área de Oportunidad	Habilidad Menos Desarrollada	Habilidad en Equilibrio	Habilidad Más Desarrollada
TOTAL HSEI				
INTRAPERSONAL				
Autoconcepto				
Conciencia de Emociones				
Independencia				
INTERPERSONAL				
Asertividad				
Empatía				
Responsabilidad Social				
Relaciones Interpersonales				
Resolución de Conflictos				
REALIZACIÓN PRODUCTIVA				
Objetividad				
Flexibilidad				
Solución de Problemas				
Realización Personal				
MANEJO DEL ESTRÉS				
Tolerancia a la presión				
Control de Impulsos				
ACTITUD EN LA VIDA				
Optimismo				
Felicidad				

Competencias Técnicas de Alberto Bustamante

		CONOCIMIENTOS (Dominio teórico del tema)			EXPERIENCIA (Ejercicio en el oficio) requiere supervisión / supervisión mínima / puede supervisar		
CAPÍTULO	CLUSTER	Básico (Nivel carrera)	Especializado (Nivel maestría)	Maestro (Creación de nuevos agregados)	En Desarrollo	Autosuficiente	Experto (Más de 7 años)
CONSEJO DE ADMINISTRACIÓN							
	Relaciones con Consejo de Administración		X			X	
	Presentaciones al Consejo			X			X
	Relación con accionistas.		X			X	
COMERCIAL							
	Mercadotecnia	X			X		
	Fuerza de ventas	X			X		
	Administración de Ventas		X			X	
	Desarrollo de Productos	X			X		
PRODUCCIÓN Y LOGÍSTICA							
	Procesos de producción de calidad y mejora cont	X			X		
	Manejo de inventarios.		X			X	
	Compras de materia prima.	X			X		
	Transporte y Logística.		X			X	
	Certificaciones (ej. ISO)		X			X	
FINANZAS							
	Contraloría			X			X
	Contabilidad			X			X
	Tesorería			X			X
	Planeación Financiera			X			X
	Fiscal			X			X
	Costos		X			X	
	Indicadores de negocio			X			X
	Financiamiento			X			X

RECURSOS HUMANOS							
	Reclutamiento y Selección		X			X	
	Capacitación y Desarrollo	X			X		
	Compensaciones		X			X	
	Organización		X			X	
	Evaluación del desempeño		X			X	
	Relaciones Laborales	X			X		
	Administración de Personal		X			X	
JURIDICO							
	Contratos con clientes y proveedores		X			X	
	Contratos corporativos		X			X	
TECNOLOGÍAS DE INFORMACIÓN & TELECOM							
	Sistemas de Información para el negocio		X			X	
	Telecomunicaciones	X			X		

HUMAN SIDE DE ALBERTO BUSTAMANTE Q.

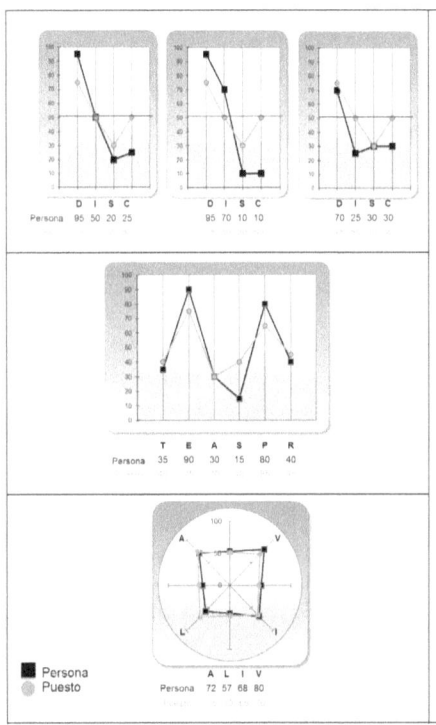

Principales Adecuaciones:

1. Empuje y orientación a resultados.

2. Versátil y dinámico con alto sentido de urgencia.

3. Interés por los aspectos económicos del negocio.

4. Interés en ejercer liderazgo e influencia.

5. Analítico, con capacidad para resolver problemas.

6. Estratégico, visión de largo plazo.

7. Intuitivo y empático.

Principales Inadecuaciones:

1. Su alta capacidad para tomar decisiones de riesgo pudiera hacerle pasar por alto lineamientos establecidos

2. Por su objetividad, pudiera faltarle capacidad para motivar a los demás

3. Le falta orientación lógica para el seguimiento y control de sus proyectos.

HSEI DE ALBERTO BUSTAMANTE Q.

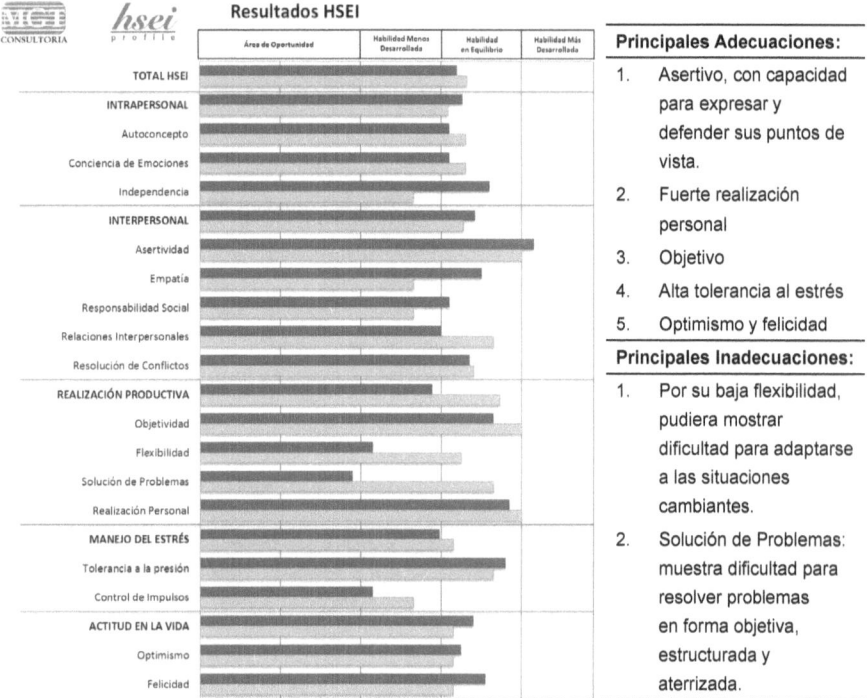

Principales Adecuaciones:

1. Asertivo, con capacidad para expresar y defender sus puntos de vista.
2. Fuerte realización personal
3. Objetivo
4. Alta tolerancia al estrés
5. Optimismo y felicidad

Principales Inadecuaciones:

1. Por su baja flexibilidad, pudiera mostrar dificultad para adaptarse a las situaciones cambiantes.
2. Solución de Problemas: muestra dificultad para resolver problemas en forma objetiva, estructurada y aterrizada.

RESUMEN EJECUTIVO

Alberto muestra un estilo de comportamiento generalista y preferencia por el pensamiento estratégico. Su perspectiva es amplia y tiene la habilidad para extender su autoridad lo suficiente para cubrir una amplia gama de situaciones. Alberto responde con agresividad e impaciencia y contribuirá al negocio con su habilidad para trabajar con tendencias, modelos e inferencias.

Alberto muestra un funcionamiento efectivo en su Inteligencia Emocional.

Principales Fuerzas:

- Alto empuje y orientación a resultados para hacer que las cosas sucedan a pesar de los obstáculos y adversidades
- Capacidad para influir de manera directa y objetiva en los demás y lograr resultados a través de ellos.
- Versatilidad y sentido de urgencia, con alto dinamismo y velocidad.
- Práctico y funcional, con interés por los aspectos económicos del negocio
- Interés en ejercer liderazgo, influencia y autoridad.
- Disposición en la observancia de códigos de conducta
- Estratega y planeador
- Visión de largo plazo para ver la imagen panorámica del negocio
- Capacidad analítica para la solución de problemas complejos

Principales Áreas de Oportunidad:

1. Su alta capacidad para tomar decisiones de riesgo pudiera hacerlo pasar por alto lineamientos establecidos
2. Por su objetividad, pudiera faltarle capacidad para motivar a los demás.
3. Le falta orientación lógica para el seguimiento y control de sus proyectos.

ESTILO DE COMPORTAMIENTO

Alberto responde a retos y metas altas de manera rápida. Muestra movilidad, velocidad y flexibilidad en sus enfoques. Intenta y corrige si es necesario con tal de aproximarse a las metas fijadas. Es considerado como emprendedor y versátil, el cual responde rápidamente a la competencia. Se orienta a manejar muchos asuntos a la vez alineándolos en lo básico a los resultados esperados y coordinándolos, aunque de manera general. Alberto muestra un gran sentido de urgencia en iniciar y terminar actividades.

Competitivo, firme y orientado a metas, a Alberto le gusta el reto. Guiará a su equipo con propósito y determinación, deseoso de enfrentar riesgos, pero manteniéndose institucional. Su fuerte habilidad analítica y visionaria, necesaria para definir rumbos de acción, lo hacen un fuerte planificador estratégico permitiéndole ejercer liderazgo de manera firme y certera, sin embargo, en ocasiones pudiera perder sensibilidad.

Alberto muestra facilidad para tomar decisiones con determinación y acción directa. Es muy seguro de sí mismo y muestra un espíritu aventurero ante el riesgo, aunque toma en cuenta las normas en sus acciones. Alberto muestra habilidad para tomar decisiones críticas después de agotar todos los hechos y mantener un enfoque con orientación creativa y estratégica.

Alberto tiende a ser lógico, crítico y llano en sus enfoques hacia la obtención de metas. Le agrada sentir reto ante los problemas que requieren de esfuerzos de análisis y originalidad, aquellos donde su participación personal de empuje sea notorio. En su trato con la gente, Alberto será una persona directa, asertiva y crítica. Alberto pudiera tener problemas para articular sus ideas y comunicarlas en forma estructurada, así como para prescribir procedimientos de implementación detallados.

Alberto muestra un fuerte interés por los aspectos económicos del negocio. Tiende a ser práctico, mostrando facilidad para materializar sus proyectos y convertirlos en beneficios económicos para la empresa. De igual modo, muestra fuerte interés por ejercer liderazgo, influencia y autoridad.

Alberto tiene una marcada preferencia por el pensamiento teórico e intelectual. Dependiendo de la situación, tendrá preferencia tanto por la información que involucre probabilidades, hechos, datos, así como por conceptos y estrategias. Asimismo, muestra un gran respeto por las teorías y por las ideas, ya que le gusta experimentar con ellas y son su fuente básica de información.

INTERESES Y VALORES PROFESIONALES

ECONÓMICO

Alberto muestra un fuerte interés por los aspectos económicos del negocio. Tiende a ser práctico, mostrando facilidad para materializar sus proyectos y convertirlos en beneficios económicos para la empresa. Del mismo modo, tiene interés en obtener una justa compensación económica a través de lograr una alta rentabilidad en su trabajo.

POLÍTICO

Alberto tiende a buscar estatus y poder en la sociedad o en la organización. Tiene ambiciones en la vida y busca oportunidades que le brinden proyección en la organización y oportunidades de avanzar en la jerarquía organizacional. A Alberto le gusta tener gente bajo su responsabilidad, ya que disfruta de tener poder y autoridad sobre otras personas. Le gusta tener reconocimiento y prestigio y luchará fuertemente por alcanzar sus metas de poder y autoridad.

REGULATORIO

Alberto tiene un código de valores y normas que guían su comportamiento, manteniéndose abierto en sus enfoques.

TEÓRICO

A Alberto le gusta el conocimiento y busca mantenerse actualizado dentro de su campo profesional.

ARTÍSTICO

Alberto tiende a no preocuparse demasiado por la belleza o el gusto. Es práctico y pragmático, le gusta juzgar los objetos, las cosas o los programas en función de su utilidad o rendimientos financieros. Pudiera hacer caso omiso de las cualidades de la forma, diseño, estilo o clase, por lo que algunos lo pueden considerar como una persona de enfoques fríos y faltos de sofisticación.

SOCIAL

Alberto muestra baja prioridad en sus intereses profesionales, en los aspectos sociales y en el bienestar de la gente. Probablemente sus motivaciones más fuertes lo enfocan hacia los aspectos económicos, artísticos o teóricos, y pudiera parecer ante los demás como poco sensible o interesado por la gente, su desarrollo y su bienestar.

PROCESO PENSANTE

ESTRATEGA

Alberto tiene una marcada preferencia por el pensamiento teórico e intelectual. Dependiendo de la situación, tendrá preferencia tanto por la información que involucre probabilidades, hechos, datos, así como por conceptos y estrategias. Asimismo, muestra un gran respeto por las teorías y por las ideas, ya que le gusta experimentar con ellas y son su fuente básica de información. Alberto se mueve en el mundo de las ideas y de los conceptos, por lo que en ocasiones puede tener problemas para manejarse en el mundo de lo estructurado, controlado, planeado al detalle e interpersonal.

VISIONARIO

Alberto es creativo e innovador, con una gran capacidad para construir el futuro y dar rumbo y dirección. Muestra facilidad para sintetizar elementos disímbolos y darles sentido y cohesión al resolver problemas en forma creativa. Asimismo, tiene facilidad tanto para enfrentar problemas y situaciones con una perspectiva global y panorámica, como para explorar nuevas posibilidades y detectar oportunidades.

ANALÍTICO

Alberto tiene un estilo de pensamiento que se alimenta de la información técnica y de los hechos concretos. Su toma de decisiones es objetiva y se basa en la razón y en los hechos relevantes. Exhibe un pensamiento analítico por lo que tiende a cuestionar sistemas que carecen de validación científica. Asimismo, aprende mediante la disección de los conceptos y la información examinando críticamente cada componente. La cuantificación, las pruebas, las matemáticas, entre otros, son sumamente valorizadas por Alberto. Tiende a discutir como medio para extraer información de los demás. Por otra parte, prefiere que la información se le presente verbalmente más que en forma visual y frecuentemente reacomoda las secuencias para satisfacer sus propias interpretaciones.

INTUITIVO

Alberto tiene capacidad para detectar y entender sentimientos de la gente y tomarlos en cuenta en sus decisiones. Sin embargo, mantendrá objetividad en sus juicios y no buscará tomar decisiones de manera meramente emocional o intuitiva.

LÓGICO

Alberto, cuyo pensamiento no sigue un orden ni secuencia al resolver problemas o desarrollar proyectos, por lo que tiende a ser un tanto desordenada en sus enfoques y puede brincarse pasos en sus análisis y presentaciones. Se le pudiera dificultar el concretar y especificar sus planes y proyectos y no mostrar interés por los detalles ni por las tareas pendientes a ejercer seguimiento y control. En cuanto a su comunicación, Alberto tiende a ser desarticulado.

El INTELIGENCIA EMOCIONAL

Alberto muestra un funcionamiento efectivo en su Inteligencia Emocional, sus principales fuerzas: Asertividad, Realización Personal, Independencia, Tolerancia al estrés.

Muestra como áreas de oportunidad la habilidad de Solución de Problemas, la cual indica dificultad para resolver problemas con enfoque práctico, sistemático y aterrizado; pudiera indicar también dificultad para identificar problemas, generar alternativas y utilizar el sentido común en la solución

Alberto muestra baja dominancia en la habilidad de Flexibilidad, indicando una posible dificultad para ajustar pensamientos y sentimientos a circunstancias cambiantes. Pudiera indicar también cierta rigidez y dificultad para aceptar el cambio o para manejarse en ambientes ambiguos e inciertos.

PLAN DE DESARROLLO

Área de Oportunidad	Estrategias de Desarrollo
Estructura Alberto es independiente en sus enfoques; ignora la estructura y disfruta de los ambientes en los que es capaz decidir siguiendo sus propios criterios. Le gusta trabajar con visión panorámica y no pondrá suficiente atención en el detalle, métodos y procedimientos. A esta persona pudiera faltarle el enfoque conservador y metódico de un pensador lógico, y por tanto, encontrar dificultad para proveer de estructura y orden a su área y proyectos.	▪ Desarrollar planes articulados y detallados. Organizar cuidadosamente y llevar el control de datos esenciales. ▪ Establecer mecanismos que aseguren la implementación adecuada y oportuna de sus proyectos. ▪ Diseñar un plan detallado para las actividades de siguiente mes y sígalo. ▪ Ser articulado y detallado en su comunicación, de ser posible use la comunicación escrita.
Solución de Problemas Bajos resultados en esta dimensión pueden indicar dificultad para resolver problemas con enfoque práctico, sistemático y aterrizado. Pudiera indicar también dificultad para identificar problemas, generar alternativas y utilizar el sentido común en la solución.	▪ Aprecie, reconozca y utilice su sentido común. Trate de mantenerse con una orientación práctica y aterrizada. ▪ Ante un problema complejo, divídalo en partes pequeñas y trabaje de manera específica en cada una de ellas. ▪ Antes de brincar a una conclusión, genere más alternativas y pruebe su efectividad. ▪ Documente la lógica de sus soluciones para que la pueda articular y comunicar con mayor efectividad a los demás.

A- EJERCICIOS

Aplica en la página **www.mgt.com.mx** tu perfil de Human Side y de HSEI.

1- Llenar cuestionarios de Human Side y HSEI
2- Observar tus resultados
3- Recibir retroalimentación profesional de tu perfil Human Side y HSEI. Puede ser grupal o individual
4- Tener un diálogo personal y escribir 1, 2 ó 3 atributos que deseas cambiar, explicando en qué consiste lo que quieres cambiar y el por qué.

B- PREGUNTAS

1. Empuje es:
   a. Tener gusto por el arte
   b. Ser líder
   c. Tener energía interna para cambiar cosas
   d. Dejar que te manipulen

2. Influencia es:
   a. Influir positivamente en los demás
   b. Tener conocidos
   c. Buscar siempre la perfección
   d. Echar mucho rollo

3. Apego a normas es:
   a. Gusto por la música clásica
   b. Ser discreto
   c. Mostrar respeto por las normas
   d. Enfocarse a hacer una sola cosa a la vez

4. El interés TEÓRICO significa:
   a. Gusto por tener posiciones de responsabilidad
   b. Ser creativo y emotivo
   c. Ser experto en un tema
   d. Mantenerse actualizado y fundamentar sus proyectos

5. El interés POLÍTICO significa:
   a. Gusto por el altruismo
   b. Ejercer liderazgo, influencia y autoridad
   c. Ser espontáneo en su trato con los demás
   d. Llegar puntual a las reuniones

6. El proceso pensante ANALITICO significa:
   a. Planear el futuro
   b. Resolver problemas desde su causa raíz
   c. Ser metódico y estructurado
   d. Ser un pensador conceptual

7. El proceso pensante VISIONARIO significa:
   a. Facilidad para ejercer control
   b. Facilidad para dar rumbo y dirección
   c. Desarrolla planes detallados y procedimientos
   d. Percibe dificultades interpersonales

8. Conciencia de Emociones significa:
   a. Ser muy emotivo
   b. Ser muy expresivo
   c. Controlar las emociones
   d. Identificar con claridad las emociones que se experimentan

9. Empatía significa:
   a. Hacer lo que otros quieren
   b. Ponerse en los zapatos de los demás
   c. Ser cariñoso
   d. Estar siempre de acuerdo con los demás

10. Responsabilidad Personal significa:
    a. No cometer errores
    b. Decir siempre que sí a los pedidos del jefe
    c. Cumplir con lo acordado en calidad y oportunidad
    d. Esforzarse por hacer lo imposible

11. Control de Impulsos significa:
    a. Ser ecuánime
    b. Ser tolerante
    c. Ser relajado
    d. Mantenerse con serenidad y enfoque en las situaciones de mucho estrés

III- DESARROLLO INTRAPERSONAL

¿Cómo reaccionamos con nosotros mismos?, ¿Cómo nos conocemos a nosotros mismos?, ¿Cómo dialogamos con nosotros mismos?

Este capítulo se refiere a esta capacidad de conocernos, entendernos a nosotros mismos, maniobrar con nosotros mismos. Como administrar nuestro potencial, nuestros conocimientos y habilidades, nuestros talentos, nuestras tendencias y aspiraciones.

III.1- Desarrollo de Capacidades Personales

Las capacidades para ser altamente productivo, tienen que ver con el tipo de actividad, oficio y objetivo que pretendas. Este oficio, profesión, objetivo o actividad tiene que ver con tu Misión en la vida.

Cada oficio o actividad tiene su tipo de resultados, que muestran la productividad.

Las capacidades se refieren a tus habilidades para el desempeño de esa actividad u oficio, pero esas habilidades dependen para que sean efectivas y sustentables de unas actitudes y unos comportamientos dentro y fuera del ejercicio de tu oficio. Dependen también de tu constitución física y mental.

Lo que está atrás, dando soporte a las habilidades, son actitudes y comportamientos internalizados en la persona. Es un grave error pensar que las habilidades se adquieren técnicamente mediante un entrenamiento general y todas se obtienen por igual para todos. No es cierto, cada persona es distinta y sus habilidades serán distintas, dependiendo de sus actitudes y sus comportamientos dentro y fuera del ejercicio de su oficio, profesión o actividad.

Tus actitudes dependen de tus creencias e intenciones.

Para ser altamente productivo y feliz, tiene que ver con tus creencias e intenciones, tus actitudes, tus comportamientos, tus habilidades de orden físico, tus habilidades de orden emocional, de orden racional, de orden técnico, que redunda todo esto en acrecentar tus talentos y en fortalecer tus habilidades naturales que son Fuerza, Resistencia, Flexibilidad, Agilidad, Determinación y Equilibrio, para un determinado tema o especialidad.

Altamente productivo en términos de poder dar frutos, para beneficio de los demás, para el bien común y por consiguiente en beneficio de ti mismo.

Para ser feliz, en términos de poder estar en paz, ya sea en reposo, en actividad media o en actividad intensa.

Hay 2 caras de la felicidad, el lado activo, es la actividad productiva con amor y el lado pasivo es la tranquilidad del saberte protegido y que te da la paz.

Hay algunos comportamientos que son productivos para una actividad u oficio y hay otros no productivos o menos productivos dependiendo de la actividad, oficio y objetivo que se trate.

Hay actitudes que te conducen a la paz y hay actitudes que te conducen a la guerra, unas que te conducen a dar y otras que te conducen a recibir.

Hay creencias e intenciones que te forman actitudes para la felicidad y hay creencias e intenciones que te forman actitudes, para la miseria, que no te hacen feliz.

A- CREENCIAS E INTENCIONES

Una Creencia es una aseveración o negación o postulado, que tú consideras como verdadera, cierta y valiosa.

Una intención es lo que tú persigues atrás de una acción o de una decisión. Explica lo que haces. Es tu propósito a veces muy consciente y a veces inconsciente.

Si tus creencias son correctas vas de gane, si tus intenciones son congruentes con tus creencias ganas doble. Se nota. El mundo te abre paso y te respeta.

Si tus creencias son correctas y tus intenciones están peleadas con tus creencias tienes un conflicto emocional. Se nota.

Si tus creencias no son correctas aunque tus intenciones sean congruentes con tus creencias, tienes un conflicto emocional. Se nota.

Tu sistema emocional se encarga de darte la información de si hay congruencia entre tus creencias y tus intenciones y de decirte si tus creencias son verdaderas o falsas.

¿Cuáles creencias e intenciones te conducen a la paz, a la felicidad y cuales te alejan de ellas?

Las creencias que te conducen a la miseria son:

1- Cuando crees que tu interés particular está peleado con el interés de tus vecinos y del bien común.
2- Cuando crees que tu felicidad está en la comodidad de no hacer nada, por los demás, sino en ser parásito de los demás, estando siempre de vacaciones, sin responsabilidad alguna.
3- Cuando crees que no hay nada después de la muerte y que hay que apalancarse del placer inmediato como la mejor opción en tu vida.
4- Cuando crees que el engaño te hará triunfar.

Son creencias e intenciones que te conducen a la improductividad y a la infelicidad. Aquí, ahora y con más razón, después. Te alejan de la paz.

Por la sencilla razón que esas creencias se basan en la falsedad de la vida, en la falsedad de tu ser.

Cuando tu creencia se aleja de lo que es verdadero, pierdes el equilibrio emocional. Generas un conflicto interior que se traduce también en un conflicto con alguien más de tu alrededor.

Lo verdadero es lo que te da todo, razón de ser, equilibrio emocional y eso da paz y felicidad.

La búsqueda de lo que es verdadero de tu ser y lo que es congruente con ese ser es lo que te permite conseguir la felicidad. Solo eso.

Ese es el deporte a seguir en este libro.

Creencias e intenciones acordes con lo verdadero, que producen actitudes positivas, productivas, que a su vez desatan mejores comportamientos ejemplares, que a su vez ocasionan Resultados extraordinarios y consecuencias en ti y en los demás de avance en el bien común. Si tú avanzas en el bien los demás avanzan por consecuencia. No estamos solos sino que estamos ligados, enlazados.

Las creencias e intenciones se diferencian entre sí, de acuerdo al calibre de verdad que tiene cada una de ellas. Los Valores son creencias de alto contenido de verdad trascendentes.

B- ACTITUDES

La actitud es un estado tuyo que refleja tus creencias y tus intenciones, su congruencia y su verdad o falsedad.

Hay 2 grandes tipos de actitudes, según se muestra en los extremos y unas actitudes intermedias que se encuentran entre esos 2 extremos:

A	menos, menos hasta...	Z
Responsable	menos, menos hasta...	No Responsable de tus actos
Dispuesto a Dar	menos, menos hasta...	No estar dispuesto a Dar
Dispuesto a dar Servicio	menos, menos hasta...	Preferir siempre ser servido
Preferir siempre la verdad	menos, menos hasta...	Preferir el engaño
No juzgar	menos, menos hasta...	Juzgar
Dispuesto a colaborar	menos, menos hasta...	Poner barreras para evadir el compromiso
Exponerse	menos, menos hasta...	Esconderse
Hablar y Escuchar	menos, menos hasta...	Solo hablar y mandar
Ser Activo	menos, menos hasta...	Ser Ocioso
Ser Ordenado	menos, menos hasta...	Ser Desordenado
Ser transparente	menos, menos hasta...	Ser Opaco, oscuro
Perdonar	menos, menos hasta...	Vengar salvajemente
Ser Institucional	menos, menos hasta...	Ser incivilizado

La A es una actitud de Responsabilidad y Colaboración activa y madura, que se basa en el amor y la abundancia de dones que produce bien común. Da productividad y felicidad. Hay progreso. Responde a una ley natural "La conservación de la especie humana".

La Z es una actitud de "yo me doy solo a mi mismo", para ganar y para no perder, basado en la escasez de todo. Da improductividad e infelicidad. Finalmente hay autodestrucción.

Las llamadas virtudes ilustran las actitudes positivas del tipo "A". Los llamados vicios ilustran las actitudes negativas del extremo "Z".

C- COMPORTAMIENTOS

No necesariamente los comportamientos naturales, que tienes aprendidos ahora, son los que te hacen más productivo y feliz sino los que vas cambiando para perfeccionarlos y finalmente consiguiendo frutos de acuerdo a tu oficio y luego a tu misión en la vida.

Conoce tus comportamientos heredados, selecciona tus mejores y los más apreciados que deseas tener, son un activo muy preciado y sutilmente escoge atenuaciones para conseguir un mejor resultado a base de tu fuerza de voluntad, pensando en tu objetivo y las demandas de tu oficio escogido responsablemente.

Con tu perfil Human Side y el método aquí propuesto lo podrás hacer analítica y lógicamente. Con tu lectura de las habilidades de Inteligencia Emocional lo podrás hacer intuitivamente y sensiblemente. Así desarrollarás de manera simétrica ambos lados, izquierdo y derecho, dándote una coordinación efectiva.

En la población humana, hay pocas personas que de manera natural, son altas en los 4 polos pensantes y simétricos en el uso de todos sus cuadrantes. Primero hay que saber navegar todos, para tener mejores herramientas y segundo la parte derecha del cerebro es la que tiene el potencial para intuir, equilibrar, armonizar, y los que tienen un sesgo en esta parte, son mejores para la productividad y la felicidad.

Hay todo un reto entonces en desarrollar estos polos de pensamiento de manera simétrica y organizada para la productividad y la felicidad.

Mas concentración en ciertos aspectos, mas acelerador en ciertos otros aspectos y momentos, mas freno en otros aspectos y clutch en otros, son las maniobras objeto de este deporte, conectándose con el objetivo que luego se convierte en resultado.

En esto consiste el deporte del Reperfilamiento, objeto de este libro. Creencias e intenciones mejor educadas, luego Actitudes frente a la vida más maduras, luego Comportamientos personales responsables y finalmente un Resultado, que se nota, una consecuencia lograda en un fruto o acierto o en un desacierto.

La formación de la voluntad es la responsable de tu capacidad de Determinación, para escoger tu oficio, tu objetivo de acuerdo a la misión que sientas de tu vida, es la que te permite la fuerza para cambiar tus comportamientos por unos mejores, crear hábitos e ir en contra de muchas tentaciones y comportamientos de confort.

D- HABILIDADES

En seguida menciono toda una gama de talentos y de posibilidades de crear habilidades y de irlas acrecentando, sin límite alguno, más que el de tu propia voluntad, bien canalizada.

Administrar estas posibilidades de desarrollar habilidades, es tu propia empresa, es tu proyecto de vida, es tu decisión.

Naturales: Fuerza, Flexibilidad, Agilidad, Resistencia, Determinación, Equilibrio.

Técnicas: Las de un oficio determinado.

Físicas: Las de un cuerpo muy fuerte, o muy flexible o muy Resistente o muy Ágil.

De Inteligencia Racional: Abstracción, Síntesis, Capacidad Numérica, Analítica, Lógica.

De Virtudes: Las virtudes son expresiones de comportamiento, educadas en valores que producen comportamientos superiores.

De Inteligencia Emocional: Auto Concepto, Conciencia de Emociones, Independencia, Asertividad, Empatía, Relaciones Interpersonales, Responsabilidad Social, Resolución de Conflictos, Objetividad, Adaptabilidad, Solución de Problemas, Realización Personal, Tolerancia al Stress, Control de Impulsos, Optimismo, Felicidad, Salud.

De Inteligencia Espiritual: Conexión, Meditación, Visualización, Contemplación, Salud.

Las primeras 5 habilidades, naturales, técnicas, físicas, de inteligencia racional y virtudes, conviene que las combines y las sujetes a la guía de las habilidades de Inteligencia Emocional y Espiritual para producir tu salud emocional, física y mental.

Es común ver personas con inmensas habilidades técnicas ó físicas o de inteligencia racional, infelices.

En este libro te daremos la guía, sobre todo, de las habilidades de Inteligencia Emocional, que te servirán para equilibrarte, en combinación con tus habilidades, naturales, técnicas, físicas, racionales y de virtudes, reforzando tus habilidades naturales y comportamientos auto dirigidos por ti.

E- RESULTADOS

Hay frutos o resultados muy tangibles como en los deportes organizados, la música organizada, los trabajos manuales como artesanos, carpinteros, doctores cirujanos, pilotos comerciales y hay otros menos directos y tangibles como los de un abogado, un contador, un empresario, un político.

En estos últimos oficios mencionados ha faltado tecnología para precisar de una manera evidente y tangible lo que son buenos resultados y lo que son malos resultados, pero hay que hacerlo y urge hacerlo. Existe el problema de que aparentemente buenos resultados en términos numéricos de 1 año, luego en 2 o 3 años se dan cuenta que fueron engañosos y que los Resultados buenos fueron pobremente concebidos o sea parciales, no completos, no integrales.

Hay oficios muy operativos con resultados muy tangibles, hay otros muy subjetivos y de gustos, hay otros de vigilancia y control, hay otros de servicio, otros de administración atrás del telón, otros en el frente, otros de mantenimiento, otros de innovación, otros muy conceptuales, otros muy específicos, otros de relaciones.

Perfilar los requerimientos de tu oficio en cada situación así como los retos, objetivos y resultados esperados es lo que te da la base para hacer un buen plan de desarrollo de tus habilidades, con la correspondiente cadena de soporte: Creencias, intenciones, actitudes.

Reflexión después del Resultado obtenido:

Después del Resultado, una reflexión sobre el proceso y sobre las habilidades generadas en este proceso, Fuerza, Agilidad, Flexibilidad, Resistencia, Determinación y Equilibrio y las demás habilidades relevantes a tu desarrollo. Un nuevo plan de desarrollo con un nuevo punto de partida que solo termina con la muerte, si es que así concibes tu proyecto de vida: Ser productivo y feliz durante toda tu vida.

Estas habilidades son los talentos que te hacen crecer tu potencia para dar, para ejecutar, para servir, para ser más, acorde con tu "true self" o verdadero ser interior.

A continuación en este mismo capítulo de Desarrollo Intrapersonal, leerás acerca de las 3 capacidades o habilidades de Inteligencia Emocional, que tienen que ver con tu interacción contigo mismo, que son:

- Auto Concepto
- Conciencia de Emociones
- Independencia

El Auto Concepto te dará medios para manejar tus creencias e intenciones con tu voluntad y dirigir tus actitudes y comportamientos para mejorar tus Resultados.

La Conciencia de Emociones te dará medios para manejar tus sentimientos, llevando esos sentimientos a una reflexión mental que te permita, recibir el impulso emocional y transformarlo inteligentemente en un flujo de acción inteligente y no descontrolado. No siendo insensible, pero tampoco hipersensible; siendo equilibrado, firme, seguro y cada vez más maduro.

La Independencia, te dará medios, para que tu dependencia emocional de los demás, se equilibre y puedas estar en paz contigo mismo, al margen de los demás.

F- EJERCICIOS

1- ¿Tienes algún oficio? ¿cuáles tienes?
2- ¿Cuál es tu oficio más relevante para tu vida?
3- ¿Qué creencias tienes acerca de tu oficio?
4- ¿Qué creencias tienes acerca de tí mismo?
5- ¿Cuáles son tus intenciones para desempeñar tu oficio?
6- ¿Qué habilidades (naturales, técnicas, de inteligencia racional, de inteligencia emocional) requiere tu oficio?
7- Califica las habilidades tuyas en términos de principiante, intermedio o experto. Señala la referencia de experto de quién o de quiénes la tienes.
8- Señala cuáles comportamientos de tu human side son los más adecuados para tu oficio.

TU OFICIO

		Califica las habilidades que tú tienes, seleccionando			
HABILIDADES	Menciona en cada tipo de habilidades qué requiere tu puesto:	PRINCIPIANTE	INTERMEDIO	EXPERTO	EJEMPLO DE ALGUIEN EXPERTO
Naturales					
Técnicas					
De Inteligencia Racional					
De Inteligencia Emocional					

9- Señala cuáles comportamientos de tu human side son los más inadecuados para tu oficio.

10- Señala cuáles habilidades deseas reforzar o agregar a tu mochila de talentos.

G- PREGUNTAS

1- Creencia es:
   a)- Lo que tú sientes cuando ves a alguien más
   b)- Un pensamiento que tienes arraigado y que te genera tu actitud
   c)- Una habilidad técnica
   d)- Un pensamiento pasajero que te viene para defenderte

2- Intención es:
   a)- Lo que verdaderamente buscas en el fondo cuando persigues algo
   b)- Un intento a ver si funciona
   c)- Una maña para chantajear
   d)- Un sueño o ilusión

3- Actitud es:
   a)- La manifestación (con tu lenguaje corporal) de tus creencias e intenciones de fondo
   b)- Tus pensamientos que resultan de una pelea
   c)- Tus sentimientos negativos
   d)- Tus habilidades racionales

4- Comportamiento es:
   a) La respuesta en tu accionar que haces a los estímulos que recibes de la vida.
   b) Las reglas de juego para obedecer
   c) Las reglas de juego para que te obedezcan los demás
   d) La razón fundamental para ser como eres y nunca cambiar

5- Habilidad es:
   a)- Una destreza que tienes para realizar algo de manera sobresaliente
   b)- Una manera de ser
   c)- Una manera de saber más
   d)- Una manera de actuar cómodamente

6- Resultado es:
   a)- Lo que se logra y que generalmente se hace con planeación y ejecución
   b)- El dinero que se desea
   c)- La respuesta a un examen escrito
   d)- El cociente de una división aritmética

III.2- Auto Concepto

A- DEFINICIÓN Y DESARROLLO

DEFINICIÓN

Es la Habilidad para respetarse y aceptarse a sí mismo, con sus cualidades y defectos, siendo como eres y estando contento con ello.

Conociendo tu potencial, tus habilidades y limitaciones y estando contento con ello.

No es lo mismo que "auto estima", como se le ha venido mencionado, en toda una industria de la superación personal. Auto estima, se le ha venido asociando con empujar mercadotécnicamente tu ego, hacia arriba y hacia arriba y con ello lograr sentirse bien. Agregar cualidades a tu ego para empujarlo artificialmente y conseguir que momentáneamente te sientas bien ensalzado, bien ponderado.

Baja auto estima y alta auto estima es igualmente problemática y seña de baja inteligencia emocional. Las consecuencias de los comportamientos típicos de una persona con baja autoestima o de muy alta autoestima son de resultados negativos, o sea de emociones negativas para sí mismo, o para los que te rodean.

Auto Concepto es poder describir igualmente algunas habilidades reales y algunos defectos mostrados, algunos logros y algunas torpezas cometidas, tu potencial como potencial y tu realidad como realidad y sentirse bien al respecto, sentirse bendecido, privilegiado, amado y comprendido y sentir estar reconociendo y diciéndote la verdad.

Nadie puede hacerte sentir inferior o superior que los demás, sin tu consentimiento. Tú eres el que tomas la decisión. Nadie te puede herir emocionalmente, si tú no le das permiso. Esto es válido cuando tu madurez emocional está desarrollada.

El Auto Concepto se consigue con mucho Trabajo interior.

QUIEN ERES

Tú eres tu ser interior. Tú no eres tus disfraces, tu ropa, tu quehacer, tus amigos, tu clase social, tus haberes, tus relaciones, tus libros, lo que te dictan de afuera, tus deseos, tus temores. Tu ser lo encuentras en la quietud de tu interior. Tu verdadero ser está siempre en calma, en equilibrio, en armonía con todo lo demás que te rodea. No necesita de forzar nada. No necesita de rechazar nada.

Imagínate un bebe en el vientre de su madre, no se preocupa de algo, lo tiene todo. Y si no lo tiene, no se violenta, ni se culpa, ni se enorgullece, ni se desmotiva, ni se entusiasma. Algo parecido es tu ser interior, con la diferencia que siendo adulto lo percibes, logras conciencia y siendo bebe no tienes la conciencia de serlo.

El trabajo interior consiste en lograr esta conciencia y descubrir las consecuencias en ti, de los deseos, de tus rechazos, de tus orgullos. Descubrir tu libertad interior y tu armonía natural de tu ser interior.

La meditación te conduce a este trabajo interior.

Descubrir que con tus deseos, con la búsqueda del placer, con el rechazo a lo que te incomoda o te hace ser criticado por los demás, pierdes tu libertad interior y cedes tu libertad a lo que dicte el apego a dichas percepciones que se convierte en uno de tus amos. Descubrir que son percepciones falsas, no sustentables y que te llevan de una falta de libertad a una esclavitud, de un desequilibrio temporal a una inestabilidad continua. Desequilibrio, inestabilidad es falta de inteligencia emocional.

Inteligencia emocional es NO perder el equilibrio interior, independientemente de lo que te ocurre por afuera o sea ante lo más placentero o lo más desconfortable, lo más rutinario y monótono o lo más llamativo y cambiante.

Tener el control para no dar el permiso de desequilibrarte ya que tu ser interior está en calma siempre. No cederle a alguien exterior, tu poder, tu libertad. No dejar que algo o alguien sea tu dueño. Ni tus pensamientos que vienen y van como nubes, debes dejar que te dominen, déjalos pasar. Este control se logra mediante el cultivo al desapego. Desapego al placer, al miedo, a la incomodidad, a los pensamientos de la mente. Tu ser está mucho más allá de esos apegos. Recupera tu equilibrio por tu trabajo interior y cada vez gana más control.

No dejes de hacer lo que te toca hacer, en esta vida de joven, de adulto, pero gana actitudes superiores para hacerlo con equilibrio cada vez mayor.

Haz amigo a tu cuerpo de estas actitudes interiores y descubre que tus células, tus músculos, tus huesos, tus órganos, trabajan mejor en equilibrio emocional. Cuando te conectas con tu ser interior, tus células, se llenan de energía y con ellas se llena de vida tu cuerpo, cuando te comunicas con tu cuerpo para el reposo, para el ejercicio, para la resistencia. Descubre como tu concentración gana, cómo tu habilidad corporal gana, cómo tu habilidad para estar en flujo o sea conectarte con un objetivo, con un blanco, al que apuntas, gana. Mente sana en cuerpo sano. El yoga, el Tai Chi y muchos otros ejercicios integrales, de mente y cuerpo te lo enseñan magistralmente.

En tus relaciones con los demás, se nota si crees en tu ser interior o no. Si crees en él y has cultivado su percepción, su existencia, su tranquilidad también te conectas con el ser interior de los demás en forma automática. Todos los seres interiores coinciden en la tranquilidad, la plenitud y entonces como consecuencia es una relación de amor, de paz en el fondo. Todos estuvieron en paz en el vientre de su madre. (Pudiera haber algunas excepciones en que desde el vientre de la madre, el bebe tuvo violencia y sea más difícil en estos casos encontrar la paz interior).

Si no crees en este ser interior y te basas siempre en lo externo, el deseo, la posición de conveniencia para tener más, para poder más sobre los demás, para ganar más, para disfrutar más, tus relaciones van a ser de conflicto. O tú o el otro. Esto también se nota y las consecuencias son de defensa, de rechazo, de conveniencia con algunos, para combatir a otros, que terminan en combatir a todos a la larga. O sea, origina irremediablemente desunión.

Tú escoges ser lobo o cordero, diablo o ángel, combativo o colaborativo, dador de conflictos o dador de paz, dador de problemas o dador de soluciones, receptor de ofensas o receptor de premios, sentirte herido o sentirte bendecido, dar poco porque tienes poco o dar más porque tienes mucho. En tu ser interior vives lo segundo de cada una de las frases anteriores.

La manera en que puedes desarrollar tu Auto Concepto es apreciando tu situación personal, tus padres, tu niñez, tu naturaleza, de lo que eres capaz, tu mente, tu cuerpo, tu espíritu, tu ser, tu libertad, tu juicio, tus sentimientos, tu relación con los demás, tu relación con Dios o la idea que tengas de lo superior en la vida.

Para apreciarla puedes experimentar tu libertad, algún gusto personal que puedas satisfacer en tu contacto con la naturaleza, el campo, el espectáculo que te brinda una salida del sol o una puesta del sol, o un bosque, o una flor. El privilegio de vivir algunas experiencias enriquecedoras.

La manera en que no desarrollas tu Auto Concepto es ver tu lado oscuro, sentirte impotente, aceptar que tus debilidades y el lado oscuro son superiores a tus fuerzas. Recrearte viendo el lado oscuro, defectos y debilidades de los demás. Cuando te sientes atraído por la derrota, la oscuridad, la justificación, la ociosidad, el vicio, la droga, la apariencia, el insulto, la burla, el morbo, la insolencia.

B- PERFIL HUMAN SIDE

COMPORTAMIENTO

Tus comportamientos pueden ser muy conocidos por ti y pensados por ti, o pueden ser automáticos y pensando que no hay otra opción más que comportarse así, porque así eres tú y punto. O sea puedes estar muy consciente de tu comportamiento o puedes nunca reparar en él y no reflexionar en él.

El objeto del AUTOCONCEPTO es incluir en tu autopercepción, de ti mismo, estos comportamientos naturales y adquiridos. El qué haces y el cómo le haces, es parte importante de tu AUTOCONCEPTO también. Tu perfil Human Side es una manera muy eficiente de darte este conocimiento, de ti mismo.

Tienes una manera de comportarte natural que es la que aprendiste desde pequeño. Rasgos de mucho actuar, o rasgos de mucho observar sin actuar, o rasgos de mucha precaución y reflexión o rasgos de mucha rapidez, en decidir.

Tienes una manera también de comportarte cuando eres observado por otros a quienes respetas mucho. Unas personas corrigen ciertos rasgos naturales y otras personas las confirman en su estilo proyectado.

Si le pones palabras a tus comportamientos, estás poniéndole pensamiento a tus comportamientos. Te permite entenderte.

Todos los rasgos pueden ser positivos, cuando se canalizan y administran bien, en cuanto al blanco, meta o fin que persigues y en cuanto al impacto en los demás.

Pero también es cierto, que cualquier rasgo de comportamiento puede ser negativo, si se canaliza y administra en forma equivocada, ya sea, por no acertar en el blanco, o por causar un impacto negativo en otra persona.

Un estilo muy rápido y decisivo pude ser muy bueno en caso de liderar una emergencia cuando la persona le acierta a la solución, pero puede ser muy negativo en caso de un evento de relaciones y de buscar el consenso de todos democráticamente.

Primero entiende tus comportamientos naturales y adquiridos y luego podrás estar en posición de administrarlos mejor, acentuarlos o suavizarlos dependiendo del objetivo y el entorno y más después estarás en posición de reperfilarte con otros comportamientos algo distintos.

Cuando dominas los comportamientos descubres que podrías hacerle de otra manera y seguir siendo tú. Descubres que a veces le haces de otra manera y sigues siendo tú. Que haciéndole de otra manera mejor pensada, puedes ser más tú, en lo que tú eres en el fondo. Más cercano a tu "true self" y más lejos de tu "ser primitivo".

Descubrir que puedes manejar tus comportamientos con el arte y la disciplina de tu pensamiento intuitivo primero y luego ayudado por tu pensamiento visionario y luego aterrizado con tus pensamientos que te ligan a la tierra, a la realidad. Soñar, pensar, aterrizar primero contigo mismo.

Ponerle nombre o sea pensamiento a tus sentimientos y a tus comportamientos.

Apreciar tus fuerzas, tu herencia y aplicarla en algo útil, descubrir qué otras cosas quieres reforzar, para acrecentar tu entrega, tu "out put" tu valor, para dar valor.

Descubrir que buenos pensamientos, traen buenos sentimientos y que éstos traen buenos comportamientos. Y al revés también funciona. Pensamiento destructivos, traen sentimientos conflictivos y al final traen comportamientos destructivos.

PROCESO PENSANTE

El proceso pensante preferido es también parte herencia, parte adquirido de tu niñez, estimulado por tu entorno, cuando eras pequeño y parte desarrollado en tu vida de joven y de adulto, de acuerdo a tu entorno, a tu esfuerzo y compromiso personal con el desarrollo de tus talentos.

Todos estamos llamados a ser más capaces en el pensamiento analítico, en el lógico, en el intuitivo y en el visionario. Los 4 polos de pensamiento nos son útiles para nuestra vida.

El analítico y lógico son parte de tu inteligencia racional y el intuitivo y visionario tienen que ver mucho con tu manejo de lo intangible. Tu inteligencia emocional requiere de ambos. Mucho pensamiento intuitivo, bien educado, para conocerte a ti mismo y a los demás, conocer el lenguaje corporal. Mucho pensamiento visionario, para aspirar a desarrollar tus talentos, para trazar tu propia vida. Mucho pensamiento lógico para comunicarte con palabras sencillas y ejemplos y parábolas. Mucho pensamiento analítico para descubrir las verdaderas causas físicas y no confundirte con los síntomas y así estar en poder de solucionar problemas para ser más productivo.

INTERESES

Estar motivado por la ciencia, por encontrar la verdad manifiesta científicamente; estar motivado por crear riqueza y completar la creación con satisfactores humanos; estar motivado para crear manifestaciones de belleza artística que embellecen el entorno; estar motivado para dar servicio social a los demás y palpar el cariño humano; estar motivado para tomar responsabilidad por el bienestar de los demás y por dirigirlos y coordinarlos en sus necesidades de bien común; y estar motivado para aprender de los principios de ética y trascendencia para el bien vivir son intereses primarios que debes de ver en qué proporción te apasionan. Son 6 canales para lograr significado a tus acciones. Contribuir a la verdad científica, contribuir a la generación de satisfactores humanos, contribuir a la belleza de este mundo, contribuir a la protección y servicio a gente necesitada, y contribuir a trascender son significados de vida. Son motivos de satisfacción personal y contribuyen a tener productividad y felicidad. Cuando te apasiona alguno de estos canales que dan significado a la vida, es cuando conviene que hagas lo que te gusta.

C- HABILIDADES NATURALES

Tener un Auto Concepto completo de ti mismo es que tú puedes aumentar tus talentos hasta donde tú quieras.

Tú tienes de manera natural Fuerza, Resistencia, Agilidad, Flexibilidad, Equilibrio y Determinación.

Tú decides a ti mismo qué quieres hacer de tu vida, qué habilidades aumentar.

La Determinación proviene de lo que tú decidas hacer con tu vida. Solo trabajar para ti o ser útil a los demás y en qué grado. Trabajar con Ética o sin ella. Mantener una independencia o sacrificar tu libertad. Ser productivo, autosuficiente y dar a los demás o vivir de parásito de la sociedad. Sobrepasar límites y expectativas o mantenerte dentro de un techo bajo de metas y exigencias. Vivir una aventura o rechazar las oportunidades de aventura.

La Determinación viene de tu Auto Concepto.

La Determinación puede ser fuerte o débil dependiendo de 2 causas:

1- Tu concentración, dedicación y convencimiento personal y
2- Tu calidad ética

Si tu concentración y dedicación es fuerte y tu objeto de tu trabajo es altruista, tu Determinación es Fuerte. Ejemplos, Winston Churchill, Steve Jobs, Juan Paulo II, Sam Walton, Lorenzo Servitje, Eugenio Garza Sada.

Te llegas a hacer uno con el blanco, con tu meta, con el objeto de tu Determinación.

Si tu Determinación es ambigua y dispersa es débil.

Si tu Determinación no se soporta en Valores sino en engaños, robo, chantajes, destrucción, tarde o temprano tu Determinación se debilitará. Es ley natural. No será convincente, no será confiable, no será creíble. Ejemplos históricos los tenemos en Hitler y Stalin.

Por mejores cualidades físicas que tengas si el objeto de tu Determinación no es ético, tu persona, tus habilidades naturales tarde o temprano se van a deteriorar hasta destruirte. Esto es debido a la falta de Equilibrio interno que se produce automáticamente en ti, cuando el objeto de tu quehacer ocasiona daño a los demás.

Tu meta o tu blanco llega a formar parte de ti. Si tu blanco es corrupto te haces corrupto.

Independencia proviene también de un Auto Concepto fuerte y completo. Esta fuerza de la Inteligencia Emocional se verá más adelante.

Realización Personal tiene mucho que ver también con tu Auto Concepto. Esta fuerza de la Inteligencia Emocional se verá más adelante.

D- EJERCICIOS

1. Listar 5 fuerzas o cualidades tuyas con las que te sientes contento
2. Listar 3 defectos o limitaciones tuyas que aceptas tener

3. Listar 3 fuerzas o cualidades tuyas que mencionaría tu padre de ti

4. Listar 3 fuerzas o cualidades tuyas que mencionaría tu madre de ti

5. Listar 3 fuerzas o cualidades tuyas que mencionaría tu mejor amigo de ti

6. Listar 3 defectos o limitaciones tuyas que mencionaría tu padre de ti

7. Listar 3 defectos o limitaciones tuyas que mencionaría tu madre de ti

8. Listar 3 defectos o limitaciones tuyas que mencionaría tu mejor amigo de ti

9. Qué eres capaz de hacer y qué te gustaría hacer. Menciona algunas.

E- PREGUNTAS

1- Auto Concepto es
   a)- Tener Alta Autoestima
   b)- Ser Egoísta
   c)- Conocer realistamente tus fuerzas, tu debilidades, tu verdadero ser
   d)- No ser Egoísta

2- Tu ser
   a)- Es lo que tú quieres que sea
   b)- Es lo que es tu inconsciente
   c)- Es lo que es tu espíritu de manera integrada con tu mente y tu cuerpo
   d)- Es lo que es tu conciencia

3- Tener un alto Auto Concepto es
   a)- No tener complejos y moverse con libertad y responsabilidad

b)- Tener mucha auto estima y sentirse más que los demás

c)- Tener muchos amigos

d)- Tener poder político

4- Diálogo interno es

a)- Confrontar diferentes perspectivas según lo que sientes, lo que eres, lo que piensas, lo que sabes, lo que piensan los demás

b)- Platicar con tus amigos todo lo que quieres

c)- Que te platiquen tus amigos todo lo que sienten

d)- Imaginar que todo te va a salir bien

5- Tu Potencial es

a)- Lo que te falta aprender de los demás

b)- Lo que puedes llegar a ser, si te aplicas

c)- Lo que has hecho en el pasado y lo has aprendido bien

d)- Lo que te sale bien, siempre

III.3- Conciencia de Emociones

A- DEFINICIÓN Y DESARROLLO

DEFINICIÓN

Es la habilidad para reconocer tus sentimientos, diferenciarlos entre ellos, saber por qué estás teniéndolos y reconocer el impacto que tienen tus sentimientos en los que te rodean.

Esta habilidad es la fuente para que puedas conocerte y entenderte y forma el cimiento para poder construir el camino, para aumentar tu inteligencia emocional.

No puedes cambiar lo que no conoces.

Las emociones son hermanas de los sentimientos. Los sentimientos le ponen nombre a tus emociones.

ENTENDER Y CANALIZAR TUS SENTIMIENTOS

Dirigirte a ti mismo, para incidir en tu sistema emocional y que se convierta en un aliado tuyo, requiere de disciplina, análisis y esfuerzo, empezando por señalarte cuáles son tus sentimientos más comunes. Empieza por los que suceden muy frecuentemente y que consideras muy positivos y luego enfócate para reconocerlos a los que consideras negativos.

Una seña que te puede ayudar es el impacto que causas en los demás. Las personas que te rodean, te pueden decir lo que a ellos incomoda o desconfían y también lo que a ellos les gusta o los mantiene con gusto de estar contigo.

Otra seña es tu lenguaje corporal. Tu cuerpo sabe y lo expresa generalmente lo que sientes. Si estás contento, alegre, satisfecho o bien si tienes alguna preocupación o sentimiento negativo.

Al principio lo más importante es identificar claramente, pues es muy común que confundas y solo digas tengo tensión o ansiedad o preocupación, pero no sé de qué proviene.

Escribe primero tu sentir y en seguida trata de desglosarlo, preguntándote qué en específico, qué tan fuerte, dónde y cuándo. Después de eso, pregúntate de dónde crees que se deriva y también apúntalo. Déjalo reposar, consulta con la almohada y va a entrar a trabajar en automático tu pensamiento intuitivo, déjalo que funcione y vuelve a revisar y afinar tu escrito original. Consulta tu perfil Human Side y ve el nivel de tu pensamiento intuitivo. Si está muy bajo, consulta con alguien capaz en esto y de tu confianza, el escrito que llevas y afínalo según la percepción de él.

Sentir es una facultad humana muy importante, que ha estado por mucho tiempo ajena a un desarrollo deliberado y sistemático porque lo sistemático y lo deliberado en nuestra cultura es muy racional y el sentir no es racional. Sin embargo el sentir puede ser objeto de un desarrollo deliberado.

El deporte es un medio maravilloso para desarrollar el sentir físico, cada parte del cuerpo haciendo un trabajo, entrando en contacto para realizar algo.

El arte es un medio para desarrollar algunos sentidos dependiendo de si el arte es visual, auditivo, escultórico, arquitectónico.

El trabajo con las manos igualmente.

En lo físico hay desde un sentir contacto, sentir esfuerzo, sentir que se fortalece, se estira o se encoge, hasta sentir un placer, un dolor o un gozo.

El sentir produce luego sentimientos y los sentimientos producen emociones, o viceversa las emociones producen sentimientos. Tienes un sistema emocional instalado. Funciona en automático o funciona con tu voluntad y razón dependiendo de lo que tú decidas.

El sentimiento es la memoria de la emoción, es el lenguaje de las emociones. La emoción es un impulso, es energía que te mueve a algo. También una emoción te puede congelar momentáneamente.

Cuando le pones nombre a tus sentimientos, le pones pensamiento a tus sentimientos y conectas tu lado emocional con tu lado racional. Eres un ente que maneja dos tipos de información, una racional y otra intuitiva y la integración de ambas la haces tú. A veces con mucha conciencia y voluntad y a veces en automático e inconscientemente.

Con tus actitudes que puedes desarrollar, eres capaz de que ante un mismo estímulo externo puedas sentirte bien o puedas sentirte mal. Puedas sentirte enojado o agradecido, contento o descontento.

Si te insultan lo común es que te enojes y si te elogian lo común es que te pongas contento. Sin embargo con la educación de tu sentir, de tus actitudes, del manejo de tu voluntad y de la creación de conciencia puedes llegar a resultados diferentes. En esto consiste la educación de tus sentimientos, que aquí te ayudamos a desarrollar en este libro.

Se trata de llegar a sentirte bien contigo, con la vida con los demás. Sentirte bien de fondo pues no puedes engañar permanentemente a ti mismo. La única manera es decirte la verdad, pero la verdad de fondo, no la aparente. En eso consiste la educación de fondo.

Existen solo 2 canales que produce tu sistema emocional, 2 grandes troncos, el que produce un sentir negativo o desfavorable a la vida y el tronco que produce un sentir positivo o favorable a la vida.

En el canal o tronco negativo hay inumerables ramas, o manifestaciones: vergüenza, tristeza, enojo, ira, desilusión, frustración, intolerancia, depresión, manías, victimizado, no satisfecho, sentido, abatido, conmocionado, desesperado, enloquecido, inestable, etc, etc.

En el canal o tronco positivo puede haber estas manifestaciones: contento, feliz, alegre, satisfecho, agradecido, extasiado, pleno, gozo.

Existe el placer que está en el tronco positivo pero que en su dinámica y su desenvolvimiento, puede degenerar al negativo cuando te sales del equilibrio.

Todos los sentimientos son en el momento presente. El pasado solo es un recuerdo que deja más o menos vivo el sentimiento, pero real real solo en el presente. Solo el presente tiene sentimientos reales. El futuro no tiene sentimiento. Puedes tener imaginación de sentimientos pero no un sentimiento igual que cuando sucede el evento.

Los sentimientos evolucionan. Se pueden quedar, más o menos vivos, pero lo más común es que se pueden transformar. Mediante solo dejar pasar el tiempo o mediante trabajo de voluntad, de indagar, de razonar.

NIVELES EMOCIONALES

Una representación de menor a mayor madurez y educación en el manejo de los sentimientos es la siguiente:

Nivel ínfimo: Vergüenza de ser, vergüenza de vivir, vergüenza de convivir con otros. No sentirse aceptado ni querido. Abatirse por esto. No doy/No recibo.

Nivel muy bajo: Apatía, indiferencia por todo, pérdida de ganas de vivir, atemorizado de todo, deprimido, ya sea por sentirse víctima o por sentirse no querido. No doy/No recibo

Nivel bajo: Culpa extrema de algo que te hace inmerecedor de favores o atenciones, te hace sentir desgraciado por tu propia culpa y condenado a lo peor. Odio a ti mismo y a los demás. No recibo/Doy poco.

Nivel medio bajo: Deseo como causa principal y motivo de vivir, frustración, no satisfecho, engaño inconsciente, engaño consciente, enojo seguido, ira frecuente, venganza. Recibo/No doy.

Nivel medio: Orgullo, presunción como aliciente principal de tu vida, competencia destructiva, deseos de triunfo y fama con engaños, discriminador, adulador, doble discurso, doble moral, justifica lo que me da poder y placer y no justifico lo que me disminuye, enjuicio negativamente a los que me estorban, juzgo a la medida de mi conveniencia. Me siento bien cuando gano y no acepto perder contra los demás. Recibo/ Doy mínimo

Nivel medio alto: Coraje, valores, me oriento a dar sin recibir placer inmediato, disciplina para una causa noble, intolerante con la mediocridad, inconquistable, juzgo las imperfecciones y las combato, insatisfecho con la mediocridad, desesperado a veces. Recibo poco/Creo que doy mucho.

Nivel alto medio: Neutralidad en los sentimientos opuestos tradicionales y sociales, Neutralidad ante la alegría popular y la crítica social, Independencia de los sentimientos por procesos sociales, independencia de los chantajes sentimentales, No juzgar, no criticar, resaltar la vida, apreciar y contemplar el flujo natural de los acontecimientos, sentir la evolución natural de la vida, de la naturaleza, apreciarla porque es. El perdón radical de fondo. Recibo mucho/Doy no tanto.

Nivel alto: Aceptación y entrega al flujo rector de los acontecimientos de la vida con la voluntad de contribuir al bien estar, a la conciencia del ser, a razonar lo que es la vida, los ciclos de la vida, las experiencias benefactoras y las experiencias negativas, las lecciones de vida. La razón al servicio de la naturaleza, de la contribución al bien común. Recibo mucho/ Doy lo que recibo, pues lo que recibo no es mío, es de todos.

Nivel alto superior: Amor incondicional, Dicha, paz interior a voluntad. Flujo de energía conectado con todos y con todo. Recibo todo/Doy todo.

Nivel superior: Iluminación, plena autorrealización por la conexión sobrenatural que envuelve y que alimenta al sistema emocional con la identificación. Recibo todo/Agradezco todo/Doy lo que haya que dar, cuando haya que darlo.

La mayor parte de la población se encuentra entre los niveles ínfimo a medio bajo. Unos cuantos en el nivel medio.

En los niveles medio alto en adelante hay muy pocos.

Para aumentar tu Conciencia de Emociones, hay que tener este marco de referencia de niveles de madurez en las emociones humanas, en los sentimientos, esto te irá dando un rumbo, un camino para progresar y poder ser más feliz, pues tu sistema emocional es el que te da la noticia de si eres feliz o eres desgraciado.

El siguiente paso es enseñarte a mover algunos sentimientos negativos y convertirlos en positivos cara a la verdad y a la realidad. Después de identificar tu sentimiento negativo y su posible origen o causa es el de enfrentarlo y preguntarte *¿Cómo lo paso a ser positivo, para recuperar el equilibrio emocional?*

Todos tenemos el pensamiento intuitivo solo que algunos lo han rechazado y permanece inactivo por su propia decisión, sea subconsciente o consciente.

En ocasiones se requieren cambios de enfoque, viendo otras perspectivas, otros puntos de vista. En ocasiones se solucionan evitando personalizar en ti, el estímulo externo, en otras con la aceptación de una realidad que no contemplabas, en otras borrando de tu mente supuestos equivocados, como se menciona por el Dr. Ruiz en su libro de Los 4 Acuerdos. Lo importante aquí es aprender a no actuar, a no reaccionar impulsivamente, cuando estás emocionalmente activo negativamente. Aprender que hay un proceso de pensamiento intuitivo, primero haciéndote muy consciente de tu sentimiento y con ello se atenúa, se debilita automáticamente. Se debilita porque internamente tenemos unos mecanismos que nos restablecen el equilibrio y hay que aprender a usarlos. A veces ser inteligente emocionalmente es dejar pasar el momento, aunque tengas toda la razón, pero aún es más razonable, que prevalezca el equilibrio, para evitar destruir.

Este manejo de alto nivel de tus emociones, es un deporte, que con entrenamiento y práctica te lleva a lograr magníficos resultados. Al principio como en todo deporte requiere del apoyo de un coach que lo conozca y que con las indicaciones te ayude a formar el camino. El deporte consiste en hacerlo hábito y así aplicarlo todos los días en las pequeñas emociones positivas y negativas, de tal forma que atiendas las negativas cuando son pequeñas y así alejas de por siempre las grandes y pesadas.

Si por ejemplo solucionas un pequeño disgusto por la vía de restablecer tu equilibrio (manejo de la frustración), fortaleces tu sistema emocional y tu comunicación interna para estar preparado para mayores aspiraciones, logros y niveles de conciencia.

Repasa las emociones positivas (resultados fructíferos o frutos) y también las emociones negativas mencionadas en el capítulo de Inteligencia Emocional y trata de definirlos y ejemplificarlos por ti mismo, en tu propio caso.

Cuando tienes una emoción negativa de alto impacto y recurrente también hay que seguir este modelo. Si no cede, si persiste incontrolablemente por ti, entonces se te recomienda ayuda profesional.

No tienes conciencia de tus emociones cuando pierdes la cabeza ante un estímulo aparentemente negativo, cuando pierdes tu realidad ante un estímulo aparentemente muy positivo y glorificador.

Cuando recibes elogios o premios, engrandeces tu ego y pierdes piso, cuando pierdes la visión y la razón cuando te insultan, son polos opuestos, pero ambos, son ejemplos muy claros de Falta de Conciencia de tus Emociones.

Las consecuencias son muy comunes en nuestra sociedad y muy destructivas de la confianza entre la gente. La prepotencia, la manipulación, el chantaje, el orgullo, son los productos naturales de una falta de conciencia de tus emociones. Sucede cuando no te das cuenta que te afecta a tu ser, a tu persona negativamente. Cuando por tu enojo pierdes de vista la realidad, cuando por tu tristeza extrema, ves negativo todo, cuando por tu falta de apego a la verdad mientes para manipular y aunque tengas réditos en el corto plazo, en el largo se te revierte.

La manera en que puedes desarrollar tu conciencia de emociones es probarte ante golpes o sufrimientos de la siguiente manera. Enfrentarlos, describirlos, escribirlos, hacerlos presentes en ti, en un momento. Puede ser inclusive una fobia, un temor, un golpe físico, un sabor que no te gusta. Sentirlo en toda su intensidad y darte cuenta que es quizás diferente a lo que tú te imaginabas. Generalmente, la mente te engaña y exagera el dolor, el temor lo puede convertir en pánico, exagera la impotencia, agranda el miedo; cuando entras en contacto con la realidad, te das cuenta que es soportable, que eres superior, que tienes fuerzas para eso y para más. Te hace más seguro de ti mismo, te enseña que puedes accionar, que puedes prevenir, que puedes sentir antes de que suceda y suspender cuando tú lo decidas, que puedes soportar, que puedes controlar. Aprender este proceso de manejo de tus emociones, es formar tu voluntad, tu carácter. De niño es más fácil que de mayor generalmente, pero la verdad es que nunca es demasiado tarde, (exceptuando el momento de la muerte).

Darte cuenta de que un insulto que te puede inducir un coraje y una gran emoción negativa, puedes con tu voluntad y tu razón, evitarte el coraje y la emoción negativa. Cuando te das cuenta de que para herirte, solo tú, puedes dar el permiso, solo tú puedes darte el permiso de que te afecte, pues lo que digan otros no necesariamente es verdad y si no es verdad ¿por qué te va a afectar negativamente?.

Y si es verdad ¿qué acaso no es una crítica constructiva que te conviene atender maduramente?

También la manera en que puedes desarrollar tu Conciencia de Emociones es probarte ante estímulos positivos y tus sentimientos que fluyen en ti ante esos estímulos positivos, como por ejemplo elogios, alabanzas, premios, reconocimientos, felicitaciones. Darte cuenta de qué sentimientos fluyen.

¿Fluyen sentimientos de soy lo máximo, soy superior, soy infalible, soy poderoso y me deben el reconocimiento?

¿O fluyen sentimientos de vamos a jugar el juego del reconocimiento aceptando que represento a muchas más personas, que junto conmigo, logramos en conjunto una meta, un logro?

Darte cuenta que tanto un estímulo positivo como uno negativo ocasiona en tí sentimientos primarios (enojo, miedo, coraje, ira, autocomplacencia) que no necesariamente son los mejores. Darte cuenta de que tú puedes hacer que los sentimientos que fluyan en ti ante estímulos positivos o negativos sean los mejores (humildad, serenidad, compasión) y no necesariamente los primarios (enojo, miedo, coraje, ira, autocomplacencia).

Un elogio, una felicitación, una buena suerte, comparada dentro de ti, contra una desgracia, un insulto, una crítica fuerte, un desprecio, pueden ser muy dañinos a tu salud emocional si no los sabes manejar. También ambos tipos de estímulos (tanto positivos como negativos) pueden ser muy buenos, para tu salud emocional, cuando los manejas con Inteligencia Emocional.

B- PERFIL HUMAN SIDE

Tu primer acercamiento a ser consciente de tus emociones, a estar alerta de quién y cómo eres tú, es que conozcas tu perfil human side. En éste encontrarás tus maneras de reaccionar automáticas, frente a ciertos estímulos que recibes de tu entorno, día con día. Las adquiriste desde tu infancia y te acompañarán siempre. Podrás cambiar algunas de tus reacciones con tu inteligencia emocional.

COMPORTAMIENTO

Cuando tienes cero empuje, cero influencia, cero constancia y cero apego a normas o bien valores muy bajos, cercanos al cero, en tu perfil Human Side, quiere decir que estás en los niveles muy bajos de madurez en tu sistema emocional.

Cuando tienes por ejemplo Empuje de 100, Influencia de 100, Constancia entre veinte y 80 y Apego a Normas entre cero y 20, quiere decir que debes de andar por niveles de madurez emocional cercanos al medio.

Dependiendo de tu perfil de proceso pensante y de tu perfil de Inteligencia Emocional, se podrá asesorarte, pare emprender el camino de la madurez en el sistema emocional hasta donde tú lo quieras.

PROCESO PENSANTE

Cuando tienes procesos pensantes muy débiles y poco desarrollados, tus percepciones están muy limitadas y tu voluntad no está robustecida.

En estos casos se requiere de apoyo profesional o bien de amor en el cuidado de tu ser, para darte la confianza de emprender el camino de la madurez de tu sistema emocional, pasando por diversas etapas.

Cuando tus procesos pensantes son concretos y específicos estás orientado a realizar operaciones sencillas y productivas.

Cuando tus procesos pensantes son muy abstractos de corteza cerebral profundamente analíticos, estás acondicionado para la búsqueda de verdades más complejas en el mundo de la naturaleza y de la ciencia. Calibrar alto en verdades científicas para la ayuda de la humanidad es algo apasionante para muchos, productivo y motivo de felicidad parcial al menos.

Cuando tus procesos pensantes están muy balanceados y con sesgo visionario e intuitivo es muy probable que estés llamado a cargos de liderazgo, coordinando gente alrededor de objetivos de bienestar.

El proceso pensante que más te ayuda en ser consciente de tus emociones es el intuitivo combinado con el analítico. Es una mezcla poco común.

Intuitivo para sentir, para dejarte llevar momentáneamente por "x" o "y" emoción. Analítico para apuntar, señalar, listar lo que acontece en determinado momento y puedas correlacionar lo que acontece externamente, con lo que te acontece internamente y puedas llegar a establecer algunos medidas, supuestos y patrones que se cumplan.

INTERESES

Conciencia de emociones va muy natural con los que tienen intereses artísticos y los que tiene intereses de trascendencia más allá de este mundo material. Estos 2 intereses de significado de vida los acondiciona para sentir y expresar sentimientos.

Sin embargo para los demás significados de vida, entrar a este proceso de Conciencia de Emociones te hace más humano. Universidades muy técnicas tanto alemanas como japonesas, se han dado cuenta de esto e introducen en los planes de estudio de Ingeniería y Ciencias, materias como literatura, artes, para hacerlos sentir más.

Universidades con carreras técnicas que desconocen esto, tiene resultados mediocres en el desarrollo de liderazgo de sus estudiantes, pues no los preparan en forma integral.

C- HABILIDADES NATURALES

La Conciencia de Emociones te robustece de manera natural tu Resistencia para poder soportar y enfrentar desgracias y frustraciones.

También te desarrolla tu Flexibilidad pues percibes que hay diferentes caminos que están a tu disposición para llegar a sentirte mejor.

Y sobretodo el nivel de conciencia te da Equilibrio. Nada te hace dudar de ti ni de los demás cuando llegas a niveles altos de conciencia, pues percibes de donde estamos todos conectados.

Entiendes los sentimientos tuyos y de los demás y adivinas su evolución.

D- EJERCICIOS

1- Menciona pequeñas cosas que te gustan en aspectos concretos de tu vida diaria. En el desayuno, qué alimentos te gustan más que otros. En la comida, en el mobiliario de tu casa, en la música, en los olores, en la lectura etc.. Identifica a qué estilo corresponde lo que más te gusta, por ejemplo en la comida: lo dulce, lo salado, lo ácido, comida mexicana, italiana, francesa, etc., el mobiliario: estilo moderno, contemporáneo, antiguo, inglés etc., en la música: ranchera, clásica, rock, etc., en la lectura, novela, historia, ciencia etc., Esto te irá dando pautas de tus preferencias naturales.

2- Ahora haz lo mismo pero identificando lo que no te gusta, o lo que no te gusta tanto.

3- Haz una reflexión sobre cómo hacerle para procurar lo que más te gusta sin obsesionarte ni crear dependencia exagerada de ello.

4- Haz una reflexión sobre evitar lo que más te disgusta, sin llevarlo a un extremo, sino dejando algo para ejercitar también tolerar la frustración.

5- Haz una reflexión sobre lo que, aunque no te gusta, podrías soportarlo sin mayores frustraciones.

En estas reflexiones y tomando tus decisiones, podrás ir avanzando en administrar sanamente tus gustos y tus disgustos, sin perder tu equilibrio. Tú eres quien puedes administrar tus gustos para tu bien, para tu felicidad, para no perder el equilibrio por un disgustillo, ni perder el piso, por algo encantador.

Comprender esas pequeñas emociones o sensaciones, cuando haces algo que te gusta o haces algo que te disgusta, es importante para que veas cómo reacciona tu cuerpo y tu mente. Date cuenta que puedes lograr pequeños cambios en ti, cuando decides conscientemente, cuando estás consciente de tu pequeño disgustillo o de un encanto que no te debe tampoco de desequilibrarte.

Date cuenta de que a veces tu mal humor, depende de estos disgustillos que los pasas por alto y luego te desasosiegan de tal forma que ocasionas conflictos a terceros por tu mal humor y terminas a veces echando a otros la culpa de tu mal humor. Esto es, tomar responsabilidad, por lo que pasa a tu sistema emocional o sistema nervioso, como quieras llamarlo.

Cuando aprendas a dirigirte y decidir en cosas pequeñas, tomando en cuenta tu inteligencia emocional, tanto para lidiar con aspectos negativos, como positivos, estarás en mejor posición, para manejar tus emociones más profundas, tus sentimientos más complejos.

6- Cuál es tu sentimiento negativo preponderante en los últimos días

7- De qué impacto. Alto (no me permite concentrarme en otras cosas), mediano (lo traigo permanente pero no me abruma), bajo (me doy cuenta algunas ocasiones).

8- A qué crees que se deba el que tengas este sentimiento.

9- ¿Qué puedes hacer para eliminarlo, o para reducirlo al mínimo?

10- ¿Qué falta para poner en práctica tu solución?

11- ¿Cuál es tu sentimiento más positivo, que te acompaña los últimos días?

12- ¿A qué crees que se deba el que tengas este sentimiento?

E- PREGUNTAS

1- Conciencia de Emociones es:
   a)- Sentirte bien siempre
   b)- Sentirte bien o mal pero saber qué sientes y por qué
   c)- Estar en el nivel de madurez inferior
   d)- Ponerte en el lugar de los demás

2- Los sentimientos son:
   a)- Estímulos externos que no puedes controlar
   b)- El lenguaje de las emociones
   c)- Los pensamientos que te vienen cuando analizas
   d)- Las creencias que tienes

3- Los niveles de conciencia son
   a)- Creencias sobre las personas, sobre ti mismo y la vida
   b)- Nivel de status social
   c)- Clases de filosofía
   d)- Niveles de sabiduría científica

4- Entender tu cuerpo es
   a)- Cerciorarte de sentir cada parte de tu cuerpo en los diferentes momentos de tu vida. El ejercicio es una buena forma de conocer sus límites y su potencial
   b)- Estudiar filosofía
   c)- Hacer ejercicio hasta agotarte
   d)- Usarlo para tener placer

5- Entender de manera completa a tu mente es
   a)- Pensar analíticamente, pensar lógicamente, pensar intuitivamente y pensar visionariamente, además darte cuenta de que tú puedes y debes escoger qué y cómo pensar y además de que la mente sigue trabajando cuando estás dormido.

b)- Soñar despierto
c)- Soñar dormido
d)- Pensar en vez de sentir

5- Entender tu espíritu es
a)- Asimilar las verdades que regulan todo
b)- Pensar mucho
c)- Pensar científicamente
d)- Descubrir lo que no sabes

III.4- Independencia

A- DEFINICIÓN Y DESARROLLO

Aquí se habla de Independencia emocional, no de independencia económica, o física o legal.

Es la habilidad para actuar, decidir y pensar sin ataduras emocionales provenientes de una tercera persona o grupo. Te das cuenta, cuando te das el permiso para verte a ti mismo y tu estado emocional, solo. Te das cuenta, cuando tú puedes estar bien, por ti mismo, sin ataduras de terceros. Te das cuenta, cuando estás contento de depender de ti y de sentir que tus decisiones toman en cuenta a tu sentir emocional no importando el de otras personas que te tratan de forzar. Te das cuenta, cuando sientes también el peso de la responsabilidad personal frente a ti mismo, no frente a terceras personas. Te das cuenta, cuando tú sientes las consecuencias de tus actos, primero, cuando ocurren, no cuando te llaman a cuentas.

Independiente es tomar cargo de tu vida, ser la persona que eres y estar contento con ello y dar dirección a tu vida tomando las decisiones por ti mismo. Decidir un curso de acción por ti mismo, aunque sea contrario a la opinión de terceras personas.

No por ir en contra de los demás, en sí, sino porque sabes y sientes lo que a ti te corresponde hacer.

Saber que hay riesgos y saber que hay consecuencias, posibilidades de falla, pero que aún así, es mejor tomar las decisiones por ti mismo. Aprender de las fallas y tirarle a tener más aciertos que fallas. Entre más decisiones tomes, más experiencia y aprendizaje adquieres y si eres inteligente esto te dará sabiduría práctica, fortaleza emocional y cada vez mejores decisiones y más confianza en ti mismo.

Las personas respetan más a los que son Independientes, ellos mismos lo notan y adquieren también, más respeto de sí mismos. Las personas abren paso a quien sabe a dónde va.

Cuando se trata de cumplir con metas, expectativas y acuerdos, ser Independiente significa cumplir los acuerdos sin sentirse esclavo de terceras personas.

Ser Independiente, no es, ser contrario a lo que digan los demás, siempre. Esto te hace dependiente, pues eres esclavo de hacer lo contrario de lo que digan los demás.

Ser Independiente, no es, nunca consultar, para tomar tus decisiones. Es consultar a las personas que quieras, pero con la actitud de tener más información, sentirte responsable de la decisión final y tomarla por ti mismo. Cuando eres Independiente, aunque te hayan recomendado tu curso de acción tomado, si falla, no le echas culpas, pues sabes que la decisión final la tomaste tú.

No ser independiente es dejar huecos de autoridad que otros van a llenar. Si tú no decides lo que a ti te corresponde, otros van a tratar de hacerlo por ti, sin el costo para ellos, que esto represente para ti.

Ser Independiente no significa que tomes las decisiones que les corresponden a otros. Cuando te enfrentes con esos casos, es conveniente ser asertivo y en su momento adecuado decirlo, o bien hacerlo consciente de sus consecuencias.

Ser Independiente, no es, hacer lo que hacen los demás, porque es la moda actual; depender más de los demás, que del oficio y responsabilidad que tienes. Depender más de los amigos, porque así, no dependes de lo que digan tus padres tampoco es ser Independiente. Ser Independiente es tratar de lograr tu autosuficiencia, haciéndote valer por ti mismo, sin el sustento de tus padres, pero tampoco del sustento emocional de tus amigos o grupo social.

Ser Independiente, es, tener la capacidad para enfrentar solo, algunos retos que son muy personales. Poder estar solo, seguir en equilibrio y disfrutar de los retos que esto presenta. Poder sostenerte por ti mismo.

Ser independiente te permite identificar aquellas recomendaciones que tienen intenciones de manipularte y diferenciarlas de aquellas recomendaciones que no tienen intenciones de manipulación.

Ser independiente es también evitar la manipulación que tú puedas ejercer en otros, pues sabes que te implica una dependencia emocional de ser el jefe siempre de esa persona y sabes que lleva un costo a la larga y sabes que te va a presentar factura.

No ser independiente significa falta de seguridad en ti mismo para actuar solo, para decidir y actuar en aquello que te corresponde personalmente, es perder de vista la línea entre lo que te corresponde a ti y lo que corresponde a la persona de quien dependes emocionalmente.

INTERDEPENDENCIA

Esta capacidad emocional depende mucho de cómo te enseñaron a vivir en libertad, tus padres. Existen 3 campos de juego para desempeñarse en la vida:

1- Tengo que hacer lo que dice la regla o bien con el permiso de alguien. Campo Dependiente.
2- Tengo que decidir por mí mismo en un ambiente de libertad, porque está permitido que decidas, porque es lo conveniente según tus circunstancias que tú decidas. Campo Independiente.
3- Tengo que sujetar a mi juicio si corresponde irme de acuerdo al campo 1 o al campo 2 y luego explicarlo por qué, primero a mí mismo y luego a terceros. Campo Interdependiente.

Desde niños hay que enseñarles a desempeñarse en los 3 campos, no solo en alguno de ellos y además moviendo ligeramente los asuntos de campo a campo, según vaya avanzando en madurez y comportamientos acertados.

Cuando eres padre, maestro o jefe hay que dirigir a los demás dejando claros los 3 campos de juego. Puede ser cambiante y en esos casos hay que decirlo.

En el Campo Dependiente hay que tener autoridad legal y autoridad moral.

En el Campo Independiente hay que tener autoridad moral.

En el Campo Interdependiente hay que ser subsidiario, delegar subsidiariamente. O sea tener autoridad y capacidad para apoyar, solo en la medida de lo poco que le haga falta y dejar que se desenvuelva con lo que ya lleve avanzado, con la intención de llegar a que sea autosuficiente e independiente.

Una falsa independencia tiene terribles consecuencias. Cuando se exagera y se es independiente en extremo, la consecuencia es el aislamiento de los demás, la incomprensión de los demás y al fin de cuentas, también de sí mismo.

Cuando se exagera y se es dependiente en extremo, la consecuencia es la falta de respeto y aprecio de sí mismo. El temor (terror) de no poder vivir por sí mismo.

Cuando se exagera y se es únicamente Interdependiente se despersonaliza.

La manera en que puedes desarrollar tu Independencia es encontrar tus espacios personales e individuales. Encontrar tus gustos, tus pasiones, tus hobys y dejando un espacio de tiempo para cultivarlos. Tu lectura, tus manifestaciones artísticas, tu trabajo personal. Tomar decisiones contigo mismo en estas actividades. Es una buena manera de ser independiente y de verte a ti mismo actuar con libertad y con ciertas consecuencias, con ciertos riesgos, que al afrontarlos te moldea, te hace escalar tus emociones, de emociones primarias a emociones más maduras.

Cuando se trata de tu vida social, una manera de desarrollar tu independencia es ser asertivo o sea dar tus puntos de vista personales, aunque disientas de los demás, en plan de entablar un diálogo, no monólogo.

Cuando se trata de una decisión donde se involucra a los demás, dejar claro tu opinión de cuál sería la decisión que más te favoreciera por un lado pero por otro lado, aceptar que pudiera ser otra decisión para beneficio del grupo y que tú mismo podrías proponer si lo piensas detenidamente 2 veces.

Una independencia sana es reflexionar en las consecuencias de tus decisiones personales pensando en las consecuencias en tí mismo y en los demás. En ti mismo piensa en la seguridad personal que vas adquiriendo cuando no necesitas de otros apoyos.

Piensa en tus relaciones con los demás: 1- unas son con quienes se solidarizan contigo y te apoyan en lo que tú decidas; 2- otras son con quienes van a cuestionar tu decisión y tienes que convencerlos; 3- otras son con quienes deciden por ti; 4-otras son con quienes siempre se oponen a tus decisiones.

Analiza cuál de estas relaciones mencionadas es la que se te da más frecuente en tu vida. Si el 80 % de tus decisiones o más se da en la tercera, o sea que deciden por ti, no eres una persona independiente.

Piensa hacia donde te debes de mover para crecer en madurez y seguramente en independencia. Donde quieres estar. Piensa que depende de tu voluntad, en base a una intención de mejorar, de crecer. Decide a donde quieres llegar.

Piensa las diferentes opciones para llegar a donde quieres ir. Hay opciones más armoniosas que otras. Hay opciones más radicales y otras más naturales. Busca primero las naturales y las armoniosas pues con ellas creces en Inteligencia Emocional. Luego Decide.

Una independencia insana es cuando decides en favor de tus intereses y beneficios económicos personales, solamente. Cuando las consecuencias de tus decisiones agreden o disminuyen el bien común.

Una independencia sana es cuando decides por ti mismo a favor del bien común y de la trascendencia del ser.

Hay una manera de decidir tu vida que es estar del lado de la verdad, del lado de la productividad, del lado del bien común, del lado del gozo, del lado de la trascendencia pues la vida es corta. En este caso tus decisiones se van haciendo más automáticas, no porque te haces dependiente de los demás, sino porque fluyes con la vida, con seguridad interior.

La manera en que no desarrollas tu Independencia de los demás, es decidiendo no crecer, decidiendo cambiar tu libertad por la comodidad de que piensen, decidan y vivan la vida por ti. Evitando la responsabilidad de usar tu libertad.

La manera en que no desarrollas tu independencia es exagerando en tu mente, las terribles consecuencias de un error, de una falla, de una equivocación que puedas tener y que eso te atemorice de tal manera que te congele, que te haga estático, que te evite tomar decisiones.

La manera en que no desarrollas tu independencia es haciéndote esclavo con querer o sin querer, de tantas cosas, que te pueden mal atar. Drogas, amigos controladores de tu vida, rehuir responsabilidades.

B- PERFIL HUMAN SIDE

COMPORTAMIENTO

Un perfil Human Side donde sea muy alto (100 o cerca del 100) y además lo que prevalezca sobre todo, sea el Apego a Normas, trae aparejada una actitud personal dependiente de instrucciones, reglas y manuales o sea una habilidad de inteligencia emocional de independencia baja.

Un perfil Human Side donde sea demasiado bajo el Apego a Normas (cero o cerca del cero) trae aparejada una actitud de alta independencia en la toma de decisiones personales.

PROCESO PENSANTE

Un énfasis de pensamiento analítico sobre todos los demás encierra una semilla de alta independencia y autosuficiencia, sobre todo cuando va acompañada de un alto empuje y baja Influencia.

INTERESES

La búsqueda con pasión de alguno de los intereses mencionados puede dar una fuerza interior, de ir por esa motivación, a pesar de todos los obstáculos que se presenten, cuando el interés es muy alto, hace aparecer a la persona como muy independiente.

C- HABILIDADES NATURALES

La Independencia se logra a través de la Autodeterminación.

La Autodeterminación da Fuerza cuando va acompañada o alineada a la verdad y a valores éticos.

La Independencia también da Agilidad cuando se mueve sin explicaciones a los demás.

Cuando la Independencia es subsidiaria con los demás da equilibrio.

D- EJERCICIOS

1- Lista los rumbos personales importantes en tu vida que has tomado por ti mismo.
2- Para cada rumbo tomado, escribe tu sentir actual en términos de estoy contento, descontento o con dudas.

3- Para cada rumbo tomado califícalo, según la Independencia en la toma de la decisión, Dependencia, Rebelde obsesivo o Indeciso, cuando todavía no la tomas y ya se te pasó un tiempo razonable según tu punto de vista. Califica de la siguiente manera: Independiente grado10, 9, 8; Dependiente grado 7,6, 5; Rebelde grado 4, 3, 2; indeciso grado 1.

4- Para cada rumbo tomado en los que estás descontento ¿qué podrías haber hecho mejor antes de tomar tu decisión? Aprende en el camino, pero no dejes de andar, que la vida es corta.

5- Piensa en algún rumbo de vida tomado, que aparentemente haya fallado en un determinado tiempo y que luego resultó bueno, en la siguiente etapa de vida. Si esto te ha ocurrido, aprenderás que Buena suerte o Mala suerte, pero que no lo sabes a fondo, hasta que aceptas tu destino.

	Tu Sentir actual:			Califica en cuanto a la toma de decisiones			
Rumbos Personales que has tomado por ti mismo:	Contento	Descontento	Con dudas	Independiente 10, 9 8	Dependiente 7,6,5	Rebelde 4,3,2	Indeciso 1

E- PREGUNTAS

1- Independencia es
   a) Ser rebelde contra todo
   b) Poder actuar responsablemente sin ataduras emocionales graves

c) Estar a las órdenes y disposiciones que dicten los demás
d) Estar aislado del mundo

2- Interdependencia es
   a)- Ser independiente y a la vez enlazarse positivamente con los intereses escogidos de los demás.
   b)- Depender de cada persona con la que te relaciones
   c)- Depender emocionalmente de tus padres
   d)- Evitar las decisiones personales siempre

3- Escoge la correcta
   a)- Ser independiente es no ser interdependiente
   b)- Ser interdependiente es ser débil
   c)- Ser independiente en asuntos personales y ser interdependiente en asuntos de responsabilidad social es ser emocionalmente maduro
   d)- Ser independiente es malo

4- La Independencia requiere de
   a)- Autodeterminación y tolerar la soledad
   b)- Rendición y sociabilidad
   c)- Arrepentimiento y culpa
   d)- Penitencia y sobriedad

5- La Interdependencia requiere de
   a)- Responsabilidad social e Independencia consigo mismo
   b)- Ser el alma de la fiesta y ser político para quedar bien con todos
   c)- Sacrificio para subordinarse en todo a los demás
   d)- No tomar parte ni participar

IV- DESARROLLO INTERPERSONAL

Desarrollar la habilidad para establecer y mantener relaciones humanas donde se da y se recibe, o sea, se intercambian bienes, materiales y no materiales, donde existe comprensión, compasión y otras emociones y que al final de cuentas hay un resultado objetivo por un lado y un resultado de confianza alta, media o desconfianza por el lado emocional, entre las partes.

Gran parte de la felicidad, del equilibrio emocional se consigue en las relaciones con otras personas. También es cierto que gran parte o la totalidad de los conflictos humanos son también debido a las relaciones con otras personas.

La interacción de tú mismo con los demás, es un juego donde puede haber armonía y confianza, o puede haber desarmonía o desconfianza, o puede haber indiferencia.

Si hay armonía y paz en ti mismo, lo más probable es que haya paz y armonía en tus relaciones con otras ciertas personas (no con todas).
Quizás con otras ciertas personas vas a encontrar desarmonía.

Si no hay paz y armonía en ti mismo, lo más probable es que no haya paz y armonía en tus relaciones con casi todos los demás.
Podrá haber casos en que encuentres paz en otra persona por su influencia positiva debido a su paz interior.

Es por esta razón por la que en este libro, hablamos primero de tu ser interior y de las capacidades intrapersonales de inteligencia emocional.

Una regla de aplicación general pero no perfecta, es que mucha gente acepta lo que es como sí mismo, o más bien lo que aparenta ser como uno mismo, es lo aceptable, confiable y armonioso. Lo que no es como uno mismo, es incómodo.

Depende de ti mismo, las buenas o malas relaciones con los demás.

Por el lado externo a uno, ciertamente hay personas más encantadoras que otras, más atractivas que otras y esto es otro factor adicional a considerar en este juego de las Relaciones Interpersonales. Hay algunas personas que inspiran paz y otras que no tienen paz interior.

Las Relaciones Interpersonales se denotan mediante dos capacidades:
Contactabilidad o cantidad de diferentes personas con las que uno se relaciona y calidad de la relación que se tenga.

Algunas personas su contactabilidad es muy grande, ejemplo en vendedores de productos de consumo mientras que en otras personas es muy pequeña, ejemplo algunas personas muy introvertidas que trabajan atrás de un equipo de laboratorio.

Algunas personas tienen una calidad de relación humana muy superficial y esporádica como un guarda bosques, apartado de la civilización y otras muy profunda e intensa como un psicólogo clínico, un doctor pediatra.

A veces se nace con estas capacidades y se aprende desde niño en su ambiente familiar y así se mantiene de por vida y a veces se puede cambiar, desarrollar y modificar esta capacidad cuando se es adulto, con el propio esfuerzo, intención, voluntad personal y entrenamiento.

La Contactabilidad la veremos en la habilidad de Inteligencia Emocional de Relaciones Interpersonales y la Calidad de la relación, la mediremos con 3 habilidades de Inteligencia Emocional: Asertividad, Empatía y Responsabilidad Social

IV.1- Asertividad

A- DEFINICIÓN Y DESARROLLO

Es la habilidad para expresar sentimientos, sensaciones, emociones, sin hacer juicios que lastiman, también para expresar creencias, pensamientos, opiniones de manera abierta, estando dispuesto a recibir otras opiniones aún contrarias o aún que tengas algo que perder, también para expresarte defendiendo derechos de las personas, sin dejar que tomen ventajas sobre de tí.
Es la habilidad para expresar sentimientos, creencias y opiniones sin agredir emocionalmente a los demás.
¿Te das cuenta, de que a veces, entre más argumentos ganas, menos amigos tienes?
Cuando sientes esto, es que ya estás en posición de hablar asertivamente. Cuando empiezas a buscar, mejor forma de decir las cosas.
¿Te das cuenta que a veces te quedas callado y la gente se fue con una sensación equivocada de las cosas, porque tú nos les hiciste ver algo significativo?
Cuando sientes esto, es que ya estás en posición de hablar asertivamente.

Como puedes observar es un equilibrio entre "hablar de más" y "hablar de menos o no hablar".

En el lenguaje común y corriente a veces se confunde ser asertivo con ser hablador, autoritario y que impone agresivamente. Eso pasa, cuando la empatía es baja y cuando la asertividad, aunque no es alta, es media.

Eres asertivo cuando tomas en cuenta los sentimientos de los otros y ves la manera de decir lo que piensas, lo que sientes, de tal manera, que los otros, vean el beneficio de tu decir. Beneficio para ellos, beneficio para todos. Cuando tu punto es relevante para los demás. El asertivo a veces, se calla algunas cosas, que le daría placer o ventaja decirlas, porque podría herir a otros. El asertivo es aquel que dice lo que piensa, aunque le podría dar cierta desventaja en el momento con el grupo, o amigo, o amiga, con quien se encuentra. El asertivo sabe cuando hay que comunicarse uno a uno, para tener beneficios y cuando puede hacerlo a nivel grupal.

No eres asertivo cuando por ser político, mejor no contestas y eres pasivo, o cuando lo dices tan políticamente que no llegaste al punto de fondo y se queda en nada. No eres asertivo cuando dices y dices y los demás están sintiendo su desacuerdo y por ser ellos, no asertivos, no lo dicen. En este último caso podemos decir, que en el grupo no hay asertividad. No eres asertivo, cuando dices algo o mucho, que no tiene significado para ti, o para los demás, que no tiene objetividad, que no tiene importancia, ni beneficio.

DESARROLLO DE LA ASERTIVIDAD

La manera en que puedes desarrollar tu asertividad es haciendo un ejercicio doble:

Por un lado escribir (para revisar tú mismo lo que quieres decir) lo que crees tú que es importante y que vale la pena decirlo a alguien más y decirlo. Por otro lado preguntarte cómo es la mejor forma de decirlo dadas las circunstancias propias de la otra persona (decirlo con empatía). Encontrar diferentes, palabras y modos y ocasiones para decir el concepto o mensaje que quieres mencionar. No exagerar, que no te falte nada, no abusar de los adjetivos, ser lo más objetivo posible. Cuando se trata de expresar tu opinión subjetiva, decir que solo es tu opinión, tu sentir, para dejar espacio a disentir y que otros puntos de vista pueden diferir. Esto te entrena en la Asertividad. Además pregunta o cerciórate qué fue lo que entendió tu interlocutor, no supongas.

La manera en que no desarrollas tu asertividad, es suponer que lo que piensas ya lo saben los demás, que más vale no decirlo para evitar críticas, que lo que tú piensas es mejor guardarlo para tu propio provecho exclusivo y así entonces no decir nada.

Tampoco es desarrollar tu asertividad, diciendo tu sentir, insultando, decir tu sentir imponiendo, decir tu sentir amenazando. Esto es ser agresivo, no asertivo.

B- PERFIL HUMAN SIDE

COMPORTAMIENTO

Cuando en tu perfil Human Side tienes un empuje muy bajo, una influencia muy baja es una señal de baja Asertividad o bien de una Asertividad muy medida. Prefieres escuchar a intervenir y protagonizar.

Cuando tienes un empuje muy alto y una influencia también alta tu asertividad tiende a ser alta y muy entusiasta. Cuando tienes bajo proceso pensante intuitivo, no te das cuenta, que tu Asertividad, puede molestar por falta de empatía.

PROCESO PENSANTE

Cuando tienes un analítico muy poderoso, tiendes a ser muy asertivo sobre todo cuando tu empuje es alto. También cuando eres muy intuitivo y alto empuje vas a decir los que sientes y lo que piensas.

INTERESES

Cuando estás apasionado con un canal de interés, en ese campo podrás ser asertivo con puntería.

C- HABILIDADES NATURALES

La Asertividad generalmente es producto de la Autodeterminación y del Empuje.
Existe una asertividad que es producto de las relaciones sociales y la alta Influencia en tu perfil Human Side. Esta Asertividad necesita ser educada junto con la empatía para poder escuchar más junto con dar tus propios puntos de vista, o sea balancear asertividad con la empatía, para llegar a un proceso de dar y recibir más balanceado.

La Asertividad bien balanceada con la Empatía produce muchas ganancias pues aprendes a equilibrar el difícil arte de dar y recibir, productivamente para ti y para los demás con quienes te relacionas.

Con Asertividad generalmente muestras tu Fuerza y como en las balas de una arma de fuego hay que saber usar los cartuchos, porque se acaban. No hay que desperdiciar en balas perdidas. Lograr que te entiendan tus puntos de vista es la meta.

La puntería es Equilibrio.

La Asertividad también favorece a tu Agilidad porque te expone y te lleva a tener que ser rápido y preciso para no cansar a tu interlocutor, ni desconcentrarlo de lo que tú quieres decir.

Fuerza, Autodeterminación, Agilidad y balancearlo con Empatía te da una Asertividad alta y efectiva.

D- EJERCICIOS

Poner algún video y discutir en clase, qué personas fueron asertivas y qué personas no lo fueron y porqué.

1- Identifica tus últimas intervenciones en un grupo, sea de amigos o sea de colegas o colaboradores tuyos. Escoge una de ellas y analiza tu intervención. Asertiva, pasiva o activa/agresiva.
2- Por qué la consideras así.
3- Identifica a otro de los participantes y analiza su intervención en Asertiva, pasiva o activa/agresiva.
4- Identifica las consecuencias en términos de frutos o resultados, al grupo, por las intervenciones analizadas en el ejercicio 1 y 3 anterior.
5- ¿Cómo eres en tu diálogo interno contigo mismo? ¿Pasivo, activo o asertivo?¿tu cuerpo lo tomas en cuenta, tu mente, tu lado espiritual?

E- PREGUNTAS

1- Asertividad es
a)- Hablar por hablar y hacerte oír por los demás
b)- No decir lo que te corresponde
c)- Decir lo que sientes y lo que te corresponde decir, respetando el punto de vista de los otros
d)- Sentir a los demás

2- Para desarrollar tu asertividad se requiere (escoge 2)
   a) Apreciar lo que sientes y que es valioso para que lo vean los demás
   b) Imponer lo que sientes por sobre lo que sienten los demás
   c) Entender que los demás sienten algunas cosas igual que tú y otras cosas en forma diferente y decir lo que tú sientes, con esa actitud
   d) Evitar conflictos aceptando lo que dicen los demás

3- La Asertividad requiere
   a)- Autodeterminación
   b)- Resignación
   c)- Evitar confrontaciones
   d)- Imposición

IV.2- Empatía

A- DEFINICIÓN Y DESARROLLO

Empatía es la habilidad para sentir, entender y apreciar los sentimientos, actitudes, emociones y pensamientos de otros.

Nunca podrás sentir exactamente lo mismo que otra persona, pero estar cerca de ese sentir, es empatía. Esto es posible, sobre todo, si has vivido experiencias parecidas.

Para que haya empatía se requiere que la otra persona, reconozca al menos internamente, que siente esa verdad, de que se siente entendida, comprendida, escuchada, atendida.
Es esa habilidad de leer a la persona correctamente, de describir o dar a entender qué es por lo que está pasando emocionalmente la otra persona. Es esa habilidad para saber acerca del estado emocional y de su situación de circunstancias que lo han hecho llegar a ese estado emocional en el que se encuentra.

Es esa habilidad para mostrar interés en la otra persona, aprecio y disposición para ayudarla subsidariamente, o sea a que salga por sí misma escuchándola y apoyándola sin perseguir otros intereses.

Es esa habilidad para poner en palabras, lo que la otra persona está sintiendo y se le dificulta decir. Cuando la otra persona reconoce que las palabras son acertadas, hay empatía.

Es muy diferente a tener simpatía. Tener simpatía es proyectar con tus propios puntos de vista y tu sentir, algo que cae bien a los demás.

En ocasiones las personas simpáticas se confunden, pensando en que también son empáticos, porque ven un enlace emocional positivo con los demás. La persona simpática cae bien al otro sin ponerse en el lugar del otro, sin entender la situación por la que pasa el otro.

Tener simpatía también es una habilidad y seña de Inteligencia Emocional. En la habilidad de Relaciones Interpersonales, la simpatía, es una de sus fundamentos y de sus fuerzas.

Tener empatía es ver más allá de la pura atención del asunto a tratar. Es proyectar ese mensaje no necesariamente verbal, que te interesa, además del asunto a tratar, la situación por la que pasa la persona con la que hablas, el impacto emocional en ella, de lo que tratas.

BENEFICIOS DE LA EMPATÍA

Unas personas como por ejemplo, me ha tocado ver en la cultura canadienses que cuando van a hacer un negocio de largo plazo con alguien, desean primero conocer a la persona un buen tiempo y luego tomar las decisiones de negocio.

Con la empatía descubres que para hacer negocios y tratar asuntos es mejor ver el lado humano del negocio, pues aprendes cuáles son los factores que dan solidez o debilidad en las relaciones humanas, los que dan confiabilidad.

Confiabilidad es el gran resultado de la inteligencia emocional y de los valores de cada uno. Para lograr Confiabilidad se requiere de competencia en el oficio que desempeñas y además de valores que den seguridad a los demás, sobre lo que tú ofreces y dices.

Una persona con baja inteligencia emocional no llega a cubrir las expectativas de los demás. Ya sea porque las expectativas no fueron bien percibidas por falta de asertividad, o por falta de empatía no se dio cuenta de la falla en la percepción, o bien porque la persona ofreció algo que no puede cumplir, por su falta de objetividad o por falta de competencia y por falta de conocerse a sí mismo.

Si tienes falta de empatía tienes una pobre percepción de lo que pasa a tu alrededor, con la gente que está contigo. Dejas un espacio entre lo que quieres decir y lo que perciben los demás, que dijiste. Es falta de aseguramiento, del destino final de tu comunicación.

La mejor manera de desarrollar tu empatía es preguntar a los demás qué sienten, qué entendieron, qué les pasa, qué hubieran querido, qué desean que pase. Reflexionar, ¿por qué piensan así?. Llegar a entender sus circunstancias que los llevan a pensar así. Llegar a reflexionar que quizás si tú mismo estuvieras bajo esas circunstancias, quizás tú actuarías igual que ellos. El máximo exponente de EMPATIA, fue Cristo en las Cruz, cuando dice "PERDONALOS PORQUE NO SABEN LO QUE HACEN".

La manera en que no desarrollas empatía es suponiendo lo que los demás piensan, lo que los demás sienten, según tu propio punto de vista. Juzgando según tu punto de vista, bajo tus propias circunstancias. Juzgar es equivocar.

B- PERFIL HUMAN SIDE

COMPORTAMIENTO Y PROCESO PENSANTE

En el proceso pensante del perfil Human Side se observa la importancia que tiene el pensamiento intuitivo. Si el polo intuitivo tiene importancia, si lo usa muy frecuentemente, tiene mejores posibilidades de ser empático, de tener conciencia de las emociones, de tener buen radar para detectar las motivaciones y temores de los demás, de saber leer a los demás y por supuesto de entenderse más a sí mismo, me refiero al aspecto emocional, sentimental.

Si tu proceso pensante intuitivo es bajo, si no recurres a él frecuentemente, es muy probable que la empatía, la consciencia de emociones, el control emocional sea bajo.

La I (Influencia) del estilo tiene que ver con el proceso pensante intuitivo en cierta medida. Cuando la I (influencia) está por encima del 50, significa que interactúas con la parte emocional de tí mismo y de los demás, de manera abierta, de manera externa, mostrando tus emociones y sentimientos.

Si la I (Influencia) está por encima del 70 significa que tu comportamiento es emotivo, que vas a enganchar sentimientos en tu relación con los demás.

Cuando tienes empatía y tienes alta Influencia en tu estilo Human Side, significa que los enganches sentimentales que haces con lo demás son muy inteligentes emocionalmente hablando, o sea que van a ser del agrado de los demás, que vas a sentir satisfacción y que los demás también se van sentir bien contigo.

Cuando no tienes empatía, no tienes tanto pensamiento intuitivo y quieres influenciar a los demás políticamente, quiere decir que no vas a ser muy atinado al tratar de proyectar y lograr una relación de gran aceptación tuya con los demás.

Cuando tienes una Influencia en el Human Side baja, una preferencia también baja del proceso pensante intuitivo, una empatía baja, una conciencia de emociones baja, significa que tu orientación es más bien a las cosas, no a la gente. Quiere decir que te limitas o rechazas envolverte en aspectos emocionales. Una posible causa es la vida familiar de pequeño donde te enseñaron a evitar demostraciones emocionales externas. Otra posible causa es un temor a ser lastimado emocionalmente.

C- HABILIDADES NATURALES

La Empatía favorece mucho a formar la habilidad natural de la Auto determinación, para ser mejor; de la Flexibilidad, para adaptar tus posturas a las de otros, que son relevantes; del Equilibrio, para aprender a conciliar verdades a medias de cada persona, con verdades más completas; de la Fuerza, para representar auténticamente los puntos de vista de otros y no solo los tuyos.

D- EJERCICIOS

1- Reflexiona sobre quiénes son las personas con las que sí eres empático, con las has que sido empático con ellas. Lista esas personas y apunta enfrente de cada una en qué casos has sido. Confirma este punto de vista tuyo con cada uno de los que puedas accesar.
2- Haz lo mismo pero con algunas personas con las que no has sido empático.
3- Reflexiona sobre alguna persona que tú conozcas que ha sido muy empático contigo. En qué caso. Ve las

consecuencias positivas. Ve si hay alguna consecuencia negativa. Ve si hay efectos interesantes de recordar.

4- Reflexiona sobre alguna persona que tú conozcas que tiene en igual medida o sea muy bien balanceada, la asertividad con la empatía y que por ello sobresalga. Qué consecuencias ves en esa persona, por ser así.

5- Reflexiona sobre una persona que tú conozcas que se caracteriza por ser poco empática. Ve las consecuencias de ser así.

E- PREGUNTAS

1- Empatía es
   a) Ser muy agradable y caerle bien a todo el mundo
   b) Ponerse en el lugar del otro y sentir parecido a como el otro siente, en una situación en la que estés con él o ella.
   c) Comunicarse verbalmente con claridad
   d) Sentirse bien consigo mismo

2- El proceso pensante que más ayuda a la empatía es
   a) El intuitivo
   b) El analítico
   c) El visionario
   d) El lógico

3- La inteligencia emocional se nota mucho en
   a) La empatía de la persona
   b) La manera de resolver problemas matemáticos
   c) La manera de vender, convencer y argumentar
   d) La manera de leer rápidamente libros

4- El comportamiento que ayuda más a la empatía es
   a) Preguntar y Escuchar
   b) Hacer un discurso de cada punto a tratar

    c) Hacer que te escuchen los demás

    d) Evaluar a los demás

5- La comunicación con empatía consiste de:

    a) Saber igual que el otro

    b) No dar tus puntos de vista

    c) Preguntar qué fue lo que entendió la otra persona

    d) Sentir los miedos y las satisfacciones de la otra persona y hacerle ver que los comprendes

IV.3- Responsabilidad Social

A- DEFINICIÓN Y DESARROLLO

Es el deseo, la intención y la voluntad de contribuir a la sociedad y en general al bienestar de otros. Es el convencimiento de que tu acción no termina en tí mismo, sino que se extiende a los demás y que hay que tomar conciencia y responsabilidad de estas consecuencias.

Se da cuando se tiene sensibilidad para aceptar a los demás y para usar recursos y talentos propios para el bien de la colectividad. Tener desarrollada una visión de los demás y de los efectos que estos reciben de tus acciones y entonces actuar en consecuencia, haciendo algo en beneficio de ellos.

Personas que son deficientes en esta habilidad no trabajan en equipo, abusan de los que pueden abusar, se aprovechan de los demás.

MANERAS DE EJERCER LA RESPONSABILIDAD SOCIAL

Hay 2 maneras de ejercer esta Responsabilidad Social, por solidaridad o por subsidiariedad. Ambas tienen el mismo fin de causar bienestar en la colectividad, en los demás. Solidaridad es hacerse uno y trabajar codo a codo con un beneficio que no es individual, sino que es compartido. Subsidariedad es dosificar el beneficio unilateral, haciendo que la persona menos favorecida crezca por sí misma y vaya logrando su bienestar desarrollando sus propias fuerzas y evitando convertirse en altamente dependiente. Se dosifica de acuerdo a las fuerzas que vaya teniendo la persona sujeta de ayuda.

Ambas maneras, requieren de que, los demás sientan este especial afecto de la persona. Es como la empatía, donde el mejor medidor, de si se tiene, o no se tiene, son los demás, los que te rodean. Ellos sienten esa sensibilidad tuya.

Ahora es muy notorio lo que se habla de Responsabilidad Social de las empresas. Empresas socialmente responsables.

Una manera de entender a la empresa, es observando y analizando su entorno social, los públicos con los que interactúa.

1- Sus Trabajadores, su personal.
2- Sus clientes y muchas veces los clientes de sus clientes.
3- Sus accionistas
4- Sus proveedores
5- Las entidades regulatorias
6- Sus vecinos y comunidad

Si alguno de estos públicos es agredido en su bienestar en forma crítica, por la empresa, se genera una disconformidad e interrupción de la empresa.

Si por el contrario existe una relación saludable, de beneficio mutuo, la empresa logra subsistencia y crecimiento. Cuando existe creación de valor para cada uno.

Las plusvalías y los rendimientos económicos se deben a estos públicos también, que son receptores de servicios o productores de insumos.

Cuando hay esta conciencia de integración social y se tiene deliberadamente una intención de colaboración e interdependencia inteligente, es cuando se desarrolla la Responsabilidad Social.

La empresa en sí no siente, sus directivos, su personal, son quienes sienten la Responsabilidad Social y son quienes la proyectan a los demás:

>Cuando hijos de vecinos trabajan en la empresa y es un centro de trabajo y de desarrollo personal.

>Cuando la empresa contribuye al mejoramiento de la colonia, en su calidad de vecino mayor.

>Cuando los proveedores reciben el pago oportuno de sus servicios y además un desarrollo en sus capacidades de competencia en sus oficios.

>Cuando los clientes no solo compran algo material de calidad, sino porque se ha creado una marca por la confiabilidad de la empresa en sus prácticas comerciales.

>Cuando se crea valor en cada público, debido a un esfuerzo consciente de Responsabilidad Social.

>Cuando la empresa produce un producto o servicio defectuoso, la Responsabilidad Social dicta la manera de responder. De cara a la verdad y enfrentar proactivamente el problema con soluciones atinadas o rehuir la carga de la responsabilidad.

En algunos países existe una gran cultura de Responsabilidad Social, como en Canadá, Alemania, Suecia y Suiza.

En otros países hay un rezago en la conciencia social. En éstos, el interés individual muchas veces agrede al interés colectivo.

A veces por abuso del gobernante y a veces por abuso de caciques no gobernantes, a veces por gobernantes de un partido, pero también de los gobernantes de otros partidos, de tal forma que no se ve la salida, pues ambos son de intereses individuales finalmente. Es cuando tanto sociedad civil como su gobierno, no tienen alta conciencia de Responsabilidad Social, de visión sobre el Bien Común.

Hablando de la persona, también tiene públicos a su alrededor que hay que formar en cuanto a la Responsabilidad Social:

Padres, Hermanos, Hijos, Nietos, Amigos, Parientes, Colegas en el trabajo, Vecinos, Proveedores (De educación, De servicios residenciales, De gobierno, etc).

Juegas diferentes roles con cada uno de esos grupos sociales y en todos se crea una relación emocional y un resultado de valor en la relación.

Dar y recibir en cada contexto con cada público es la regla de oro.

Cuando das, se te regresa en beneficios. Es la regla de platino.

El que da a alguien, recibe más.

Cuando perjudicas a otros, también se te regresa en perjuicios, tarde o temprano. Es la regla automática de la naturaleza.

Es como la interacción con tu propio cuerpo, cuando agredes una parte de tu cuerpo y la desatiendes, te ocasiona un problema de funcionamiento.

La emocionalidad funciona en forma de leyes naturales. Leyes inmersas en la biología. Es el instrumento humano por excelencia para transportar y comunicar en forma sentida, las interacciones humanas fallidas y las interacciones humanas acertadas. Se notan kinesiológicamente. Personas saludables cuando dan a los demás lo bueno que ellos tengan y personas no saludables cuando perjudican a terceros.

Una buena forma de ver los beneficios de la Inteligencia Emocional es en la Responsabilidad Social. Un rabino comentó cuando vio esta parte de la Responsabilidad Social, que es algo moral, según su punto de vista, pero no es religioso, sino moral. En Inteligencia Emocional se descubre que hay un efecto positivo en la emocionalidad, cuando se sirve a los demás.

Yo recuerdo muy bien el ambiente humano del Hospital Muguerza donde la gente que allí trabaja, está contenta de servir, de extender el ministerio de Salud como ellos dicen, se sienten contentos de servir a los demás en circunstancias difíciles para los pacientes y para sus familiares. La rotación del personal es muy baja. Es una motivación superior a la económica. Es una sensación emocional más fuerte y definitiva que la de un aumento de sueldo. El rabino dice moral, pero en Inteligencia Emocional se dice es una emoción que corresponde a un nivel superior de conciencia y produce un estado emocional superior.

La Responsabilidad Social es uno de los mejores caminos para iniciar un cambio ascendente en la Inteligencia Emocional. Se ve y se trabaja hacia afuera y a la gente se le facilita eso. Enfocándose a resolver los problemas de otro, en plan de ayuda, ganas una gran perspectiva nueva que te sirve para resolver los tuyos propios. Es una de las causas por las que recibes más cuando das.

Lo contario también resulta cierto, si únicamente te enfocas a resolver los problemas tuyos, ajeno a los demás, pierdes perspectiva y no encuentras vías de solución en las que únicamente tú resultes beneficiado. Encuentras que estás conectado con los demás y encuentras que robar las energías de los demás te puede dar cierta energía a ti, pero si no se sinergiza de ida y vuelta con los demás se agota y se vuelve en tu contra. Entras en un círculo vicioso y tienes que tratar de esconderte, para hacer este robo de energía o de bienes de los demás y esto no es sustentable, sino más bien es destructible.

CONFIABILIDAD

De aquí nace la necesidad de tener una competencia que se llama CONFIABILIDAD. Ser confiable es tener Responsabilidad Social. Es tener una intención de bien común y cumplir con ella, es cumplir lo que dices, lo que ofreces. Los demás son los receptores de esta cualidad humana, los demás son quienes les toca percibirla y en todo caso calificarla. Si nos debemos a los demás en cierta medida tenemos la obligación de ser confiables, pues siendo confiables con ellos, somos confiables con nosotros mismos.

Aumentas tu Responsabilidad Social cuando primeramente eres confiable en lo que tienes a tu cargo. Hacer por los demás, sin ser confiable, es un abuso en lo que tú haces, es como hacerlo por estar en deuda, sentirte culpable y como cierta compensación por los abusos cometidos.

Después de ser confiable en lo que tú haces y cobrando conciencia de las diferencias sociales, de conocer algunas personas menos favorecidas que otras, del sufrimiento de algunas personas, del abuso de otras personas sobre los demás, entonces sí estás en posición sólida para dar valor a otros menos favorecidos.

Cuando te animas a hacer una obra a favor de alguien más y sientes satisfacción y felicidad. Cuando trabajas por los demás y sientes no ser pagado bajo el sistema de trabajo económico tradicional, pero con gran satisfacción personal, con gran aprendizaje y crecimiento personal.

No creces en Responsabilidad Social, cuando te consideras ser aparte de tu sociedad, ser aislado. Cuando te consideras que estás para que te den no para dar. Cuando por razones de interés egoísta te das cuenta que abusar de una persona, te da réditos materiales y los persigues.

En la época actual, las encuestas que se han hecho, en diversos niveles sociales y diversas ciudades de México, hay una consistencia en afirmar los siguientes porcentajes de Confiabilidad, en las instituciones y tipos de mexicanos, según su oficio:

Ejército y Marina 82 %

Periodistas 65 %

Empresarios 50 %

Sacerdotes   45 %

Maestros 40 %

Gobernadores 28 %

Ciudadanos 28 %

Diputados 14 %

Policías 12 %

Fuente: El País martes 26 de julio de 2011

Las normas mexicanas de Responsabilidad Social se encuentran por debajo de países como Canadá, EUA, países de Europa.

En el caso del Ejército y la Marina mexicana se encuentran a nivel de confiabilidad mundial.

Haciendo entrevistas con algunos miembros del Ejército mexicano, me dicen de manera consistente que los valores por un lado, no solo que se establecen, sino que se viven y las reglas de disciplina y aseguramiento de la Responsabilidad, juntos, es lo que hace que se logre esta confiabilidad. Con un salario bajo y todas estas normas y valores, son capaces y confiables hasta de ofrecer su vida, defendiendo a la ciudadanía. Objetivos de alto valor y disciplina de alto nivel y consistencia.

Sus valores: Patriotismo, Valentía, Disciplina, Obediencia, Inteligencia, Responsabilidad, Preparación, Sacrificio, Honestidad, Austeridad, Humildad.

Sus reglas de disciplina que logran una alta responsabilidad en cada encomienda, o encargo, ya sea de equipo, de activos o de gente que se les entregue a su cargo. Qué se les entregó y qué entregan cuando se les releva del cargo, obligando a restituir lo perdido sin causa justificada. Produce mexicanos ejemplares.

En México paradójicamente se quita el servicio militar obligatorio, se entrega un presupuesto raquítico a las fuerzas armadas y se tiene un presupuesto a la Educación con resultados bajos, en relación a otros países del mundo, lo que lo hace poco confiable.

B- PERFIL HUMAN SIDE

COMPORTAMIENTO Y PROCESO PENSANTE

Las maneras de actuar cuando se trata de estar frente a los demás en alguno de tus actos, requieren de un comportamiento respetuoso. No cualquier comportamiento es agradable a los demás y no cualquier comportamiento es aceptado. Depende de quién es la otra persona y de sus expectativas. Aún cuando no es acorde a sus expectativas puede serle agradable, de apoyo, indiferente o negativo (desfavorable).

Cuando existe una cultura general de Responsabilidad Social, se cree y se practican ciertos comportamientos que son aceptables, favorables, agradables en casi todas las culturas. Un ejemplo de esto nos lo dan los diplomáticos de carrera, o algunos artistas que se mueven con todo tipo de público.

Dar y recibir con comportamientos congruentes. Reciprocidad con comportamiento activo cuando corresponde y con comportamiento pasivo cuando corresponde.

Una señal de respeto y compromiso a trabajar bajo reglas son las personas que tienen en su perfil Human Side un Apego a normas superior. Estas personas por lo general son queridas y aceptadas, por todo mundo, por su respeto a los demás y al orden.

La intuición para conocer las motivaciones de las personas que están enfrente de ti es importante. Preguntar con discreción para reconfirmar la intuición. Primero el otro y luego tú.

Cuando te corresponde protagonizar, ser contundentes, asertivos y actuar activamente hay que implementar tu intervención, con preguntas de los demás y dar respuestas respetuosas y empáticas.

C- HABILIDADES NATURALES

La Responsabilidad Social favorece y desarrolla tu Flexibilidad, para incluir a los demás, tu Resistencia para tolerar diferencias, tu Auto Determinación para confirmarla cara a los demás, tu equilibrio para proyectar seguridad y confianza.

D- EJERCICIOS

1- Menciona tus actividades que han sido ejemplo de Responsabilidad Social
2- Si no tienes, te invito a pensar en algunos proyectos de Responsabilidad Social. Te invito a pensar en participación ciudadana, para mejorar algo de tu comunidad, empezando por tu colonia, luego tu ciudad, tu club, tu iglesia, la escuela de tus hijos etc.

E- PREGUNTAS

1- Responsabilidad Social es
a) Hacer bien tu trabajo
b) Hacer bien tu trabajo, extender y ampliar los beneficios a tus inmediatos clientes
c) Hacer bien tu trabajo, extender y ampliar los beneficios a tus inmediatos clientes y también a tu comunidad
d) Hacer una mercadotecnia que tu empresa hace responsabilidad social

2- Confiabilidad es
a) Ser congruente entre lo que piensas, ofreces y realizas
b) Ofrecer lo que la gente necesita
c) Tener status y ser famoso
d) Tener dinero

3- En encuestas de confiabilidad en México estos son los resultados.
   a) Ejército alta confiabilidad, clase política baja confiabilidad, empresarios confiabilidad media.
   b) Maestros y sacerdotes alta confiabilidad, empresarios baja confiabilidad
   c) Todos con baja confiabilidad
   d) Todos con alta confiabilidad

4- La cultura ciudadana de Responsabilidad Social en México es:
   a) Superior que los demás países
   b) Inferior que Canadá, EUA e Inglaterra
   c) Igual que los demás países
   d) No se puede comparar

5- Solidaridad es
   a) Hacerse uno en todo, con la persona a la que vas ayudar
   b) Hacerse uno en los aspectos que quieres con la persona que vas ayudar. Hay que mencionar en cuáles aspectos para evitar malos entendidos.
   c) Darle todo lo que tienes a la persona que vas a ayudar
   d) Dar amor y caridad por doquier

6- Subsidiariedad es
   a) Lo mismo que solidaridad
   b) Ayudar en aquello que sea bueno para que la persona aprenda a hacerlo por sí mismo y no sea dependiente futuro de lo mismo
   c) Ayudar a todos por igual
   d) Ayudar para que dependan de ti en un futuro

IV.4- Relaciones Interpersonales

A- DEFINICIÓN Y DESARROLLO

Somos los humanos seres sociales, venimos al mundo por la decisión y actos de otros, sobrevivimos gracias a otros y querámoslo o no dependemos en gran medida de otros. No es extraño entonces que nuestra felicidad mucho tiene que ver con los demás, que nuestra felicidad se de en el contexto de nuestra relación con otros. Estamos interconectados, por varias líneas, desde la del ambiente que nos rodea, la familiaridad, el parentesco, el oficio, la vecindad, la amistad, la casualidad, los intereses, las intenciones.

Sin embargo hay quienes son más sociables y sociales que otros. Hay quienes acostumbran pasar más tiempo con los demás y quienes prefieren más tiempo pasarlo solos.

Esta habilidad de Relaciones Interpersonales se refiere a establecer y mantener relaciones con otros que sean satisfactorias para ambos. Están caracterizadas por la habilidad de "dar y recibir" en donde la confianza y la compasión se expresan de manera directa, ya sean en palabras o comportamientos.

Esta habilidad se refiere no solo al hecho de que te guste o no establecer relaciones Interpersonales con los demás sino se refiere también a que sientas estar confortable con ellas y que los demás también se sientan confortable contigo.

DESARROLLO DE RELACIONES INTERPERSONALES

Se puede aprender a tener buenas Relaciones Interpersonales, empezando primero por conocer el ambiente donde te encuentras y ser amigable y adaptable a dicho ambiente. Ser respetuoso del ambiente. Se trata de dar y recibir. Escuchar es signo de atención a los demás de estar interesado en ellos.

Escuchar además te da a conocer todavía mejor el ambiente que te rodea y lo que tú puedes hacer para hacer la vida más confortable a los demás. Esto requiere de educación y de gusto por hacerlo. Percibir las expectativas de los demás, percibir sus motivaciones y sus temores, te permite intervenir, platicar, dar con inteligencia.

Un segundo paso es aprender a seleccionar bien el tema de plática. El lugar, el tiempo, de donde es la persona, son temas que generalmente son adecuados para iniciarse. No cambiar de tema por otro muy distante del tema que se está tratando, puede ser bueno también. Cambiar de tema en forma suave y paulatina es mejor.

Dar y recibir. Si das de más te pueden percibir como falta de autoestima, superficial y poco confiable. Si tomas de más y solo te interesa centrarte en tus temas de tu interés, te pueden percibir como egoísta, desentendido de los demás y que usas para tu propio provecho a los demás. Reciprocidad en el dar y recibir es la clave.

Aprender un vocabulario rico y apropiado pero en temas que pueden ser triviales y comunes es algo muy apreciado. Expresarse con fluidez y dando ideas claras y relacionadas con el momento, es causa de admiración y confort en la plática. El pensamiento lógico que es aquel que de manera clara y tangible se entiende por todo el mundo es algo también muy apreciado. Que lo que digas pueda ser entendido por una persona sin gran educación, sin carrera profesional. Tener el don de explicar en forma sencilla y clara aún conceptos sofisticados hacen la plática muy agradable para los demás. Manejar el tiempo de manera inteligente significa que no te comas el tiempo solo hablando tú.

Aprender a hablar en público también es útil para desarrollar esta habilidad de Relaciones Interpersonales.

Hay que aprender a hacer la diferencia entre una plática tipo periodista, o vendedor que se dirigen siempre con un lenguaje que todos pueden entender, de una plática digamos especializada con personas que los agrupa dicha especialidad y que entonces esperan usar lenguaje acorde a esa especialidad de aquella plática que se requiere mayor profundidad y confianza con la persona con la que se relaciona.

Cultivar la confiabilidad es parte también de esta habilidad de Relaciones Interpersonales, pues todos tenemos un prestigio, historia, chisme que nos rodea y que los demás perciben a veces en forma prejuiciosa. "Si el río suena es porque agua trae". Más ahora con tanta información en internet y redes sociales, ya todos tenemos muchas probabilidades de ser conocidos o consultados por lo que dice google de nosotros.

El lenguaje corporal y la etiqueta también hacen que las Relaciones Interpersonales sean más confortables o no.

El lenguaje corporal es como la cinestesia que responde a nuestros sentimientos, intenciones, independientemente de lo que digamos. Si dices cosas en las que no estás convencido, se nota kinestésicamente, lo notan los demás. "Hace tanto eco lo que haces que no deja escuchar lo que dices".

Cuando hay mentira, engaño de por medio, la plática es incómoda. El engaño puede ser dirigido a la otra persona o aún a ti mismo y ambos engaños se notan kinesiológicamente.

Los hechos no se pueden ocultar muchas veces y hay que tener la sensibilidad para interpretar nuestros hechos en su relación con los demás. Asimismo tus comportamientos son hechos que tienes que tomar en cuenta para una auténtica buena comunicación.

En tu comunicación es bueno de vez en cuando cerciorarte de lo que te está entendiendo y de lo que están sintiendo tu interlocutor sobre todo cuando es algo más profundo o complicado lo que quieres decir.

Hay Relaciones Interpersonales muy continuas y cercanas con poca gente, muy superficiales con mucha gente, y ahora en la red, relaciones por internet son conocerse personalmente. Las primeras son propias de gente con amigos cercanos y duraderos. Las segundas propias del oficio de vendedor, periodista, sacerdote, asistentes sociales, políticos. Las terceras con personas de trabajo en ese oficio o personas sociables en internet.

En el caso de la comunicación por internet también al final de cuenta se trata de una Relación Humana y es interesante observar que el tema es muy puntual y muy preciso en esta comunicación. No hay lenguaje corporal pero hay formas de decir las cosas. Te descubres en la manera de tratar el tema, en la forma de iniciar, de saludar, de despedirte, de decir las cosas llanamente o con rodeos, técnicamente o coloquialmente, suave o agresiva, positiva o negativa.

Si bien es cierto que estos consejos para aprender más de las Relaciones Interpersonales son buenas, para los que tiene como oficio estar en continua interacción con la gente también es cierto que quien aprende esta habilidad le es muy útil y conveniente aún si su oficio no tiene extrema sociabilidad.

Como decía al principio de este capítulo a todos nos viene bien tener más habilidad interpersonal porque estamos viviendo en sociedad.

Cuando vas por primera vez a convivir con un grupo social nuevo, es muy interesante que te observes y reflexiones sobre cómo te consideraron. Solo tienen de información lo que te vieron hacer y escucharon decir en esos momentos. Te rebelaste como eres, como te portaste tal cual. Practica de vez en cuando, esta experiencia. Te enseña mucho de tí y te enseña mucho de cómo son los demás al convivir y de las diferencias culturales que tienen los diferentes grupos humanos.

Para aumentar la habilidad de Relaciones Interpersonales haz una lista de tus familiares, de tus amigos, conocidos, persona con las que trabajas, clientes, proveedores, vecinos y te darás cuenta que dependes de mucha gente. Selecciona con quienes quieres tener alguna atención por el gusto de conocerlo mejor o convivir. Abre tu mente para todos. Cada persona en su propio mundo te puede compartir algo de valor y a cada persona tú le puedes transmitir algo de valor. Diseña tu propio método de comunicarte con los que selecciones.

Cuando te reúnes con un grupo de personas que tienen algunos objetivos comunes, se produce una sinergia, una resonancia de tus deseos o aficiones u objetivos, según sea el caso. Todo mundo se beneficia con esa resonancia, hablando de objetivos que hacen crecer a todos.

No te ayuda a aumentar tu habilidad de relaciones Interpersonales, tu aislamiento de los demás, tus prejuicios cuando son negativos de los demás, tus resentimientos personales en contra de los demás o a veces en contra de todos.

Tus comportamientos agresivos en contra de los demás hace que te saquen la vuelta, tu enojo, echar culpas a los demás, hacer crítica destructiva, no escuchar, solo hablar de ti y de tus aciertos o de tus problemas.

Cultivar relaciones positivas, constructivas y de ayuda con los demás es asegurar tener muchas palancas de ayuda para ti, tanto en esta vida, como en la que pudiera seguir.

B- PERFIL HUMAN SIDE

COMPORTAMIENTO Y PROCESO PENSANTE

Hay 4 acentuaciones en el comportamiento bajo la perspectiva de Relaciones Interpersonales:

Amable, bondadosa, empática, servicio a los demás. (A)
Simpática, entusiasta, alma de la fiesta, relaciones públicas. (I)
Indiferente, baja sensibilidad. (E)
Directa al grano, reservada, concentrada en el tema, diplomática, tiene que estar en control para no estar nervioso. (D)

En el estilo "A" generalmente se tiene una alta "C" en su estilo de comportamiento y también una "S" por encima del 50, pero no tan alta. Tiene alta intuición en su proceso pensante y tiene un alto interés en Servicio Social y un bajo interés político e interés económico.

En el estilo "I" generalmente tiene una alta "I" en el estilo de Comportamiento.

En el estilo "E", generalmente tiene una baja "I" en el estilo de comportamiento y un bajo pensamiento intuitivo en el proceso pensante.

En el estilo "D", generalmente tiene una alta "C" y una baja "I", en su estilo de comportamiento, es altamente lógico y bajo pensamiento intuitivo.

La idea de exponer, estos 4 estilos de relacionarse con la gente, es para que tú aprendas del tuyo y aprendas de los demás.
Primero ¿cómo es tu estilo natural para relacionarte con los demás? y ¿cómo te sientes siendo así?. ¿Solo tienes un estilo siempre o tienes 2 dependiendo de las circunstancias favorables o desfavorables? ¿Cuándo usas un estilo y cuándo el otro?

¿Quieres cambiar tu estilo de comportamiento al respecto? ¿Por cuál y por qué?

La gente va cambiando de ciclos y con ello va cambiando su visión de la propia vida. Niño, adolescente, joven, adulto joven, adulto adulto, adulto mayor, viejo. No es cierto que necesariamente, tienes que seguir siempre con el mismo comportamiento, que has tenido. Si no haces nada por cambiarlo, claro que los sigues teniendo.

Si cambias tus percepciones y tus prejuicios y tienes la voluntad de cambiar por mejorar y crecer por tu bien y el de los demás, lo logras.

Las vidas de algunos santos, de algunos empresarios, de algunos artistas, de mucha gente común son claros ejemplos de cambios dramáticos. Del estilo (E) al estilo (A). Del estilo (D) al estilo (A). Del estilo (D) al estilo (I).

También es cierto que cuando una persona tiene el estilo (A), lo mantiene y lo cultiva durante toda su vida, dicen que vive el mismo cielo desde esta vida.

El estilo (I) requiere generalmente de dotes genéticas y de auto motivación y auto desarrollo para mantenerlo y cultivarlo. Puede cambiar en el largo plazo a convertirse en el estilo (A) o cuando hay decepciones dramáticas en el estilo (E).

C- HABILIDADES NATURALES

Si las Relaciones Interpersonales son de aumentar contactos y conocer mucha gente nueva cada vez, estas Relaciones Interpersonales, fomentan el fortalecimiento de la Flexibilidad, pues cada persona es un mundo diferente y acoplarse a cada una, demanda de una gran flexibilidad. A veces puedes caer en superficialidad, sobre todo si la relación interpersonal está en la fase de solo abrir el contacto. En esa primera etapa de abrir el contacto, no se puede profundizar pues se corre el riesgo de equivocarse y ser rechazado. Hay que repetir el contacto para conocer a esa persona mejor.

Cuando las Relaciones interpersonales, se trata de un grupo cerrado y heterogéneo, trabajando día a día, en equipo, hacia fines comunes complejos de obtener, frente a públicos terceros, con funciones técnicas complejas, entonces entran en juego todas las habilidades de inteligencia emocional y se requiere de todas las habilidades naturales y técnicas para responder a un entorno complejo, en cuanto a la tarea individual, la tarea a nivel del conjunto y además la relación humana en sí, con toda su complejidad de sentimientos, emociones, comparaciones, intenciones y creencias.

En este caso de complejidad alta, primero importa tu desempeño individual en tu tarea, luego tu desempeño haciendo equipo con alguien más y luego entran aspectos de amistad y simpatía, fuera de la cancha de juego o de trabajo, según sea el caso.

Se recomienda Asertividad y Empatía al mismo nivel de importancia. Responsabilidad Social dosificada de acuerdo a la cultura del grupo. Habilidades personales para ser bueno en la función propia. Habilidad de adaptación y convencimiento, para compensar debilidades propias, con fuerzas de compañeros en plan de reciprocidad y alta colaboración.

Determinación no solo para hacer lo que se debe en tu posición, sino para convencer vendiendo tu idea a los demás y no suponiendo que lo deben de asumir.
Fuerza para hacer tu trabajo con excelencia.
Resistencia para dar ejemplo de aguante y sacrificio por los demás. (Responsabilidad Social). Confiabilidad.
Agilidad para entregar a tiempo.

Equilibrio entre las malas y las buenas puestas, en la balanza. No hay culpables, solo causas objetivas de procesos fallidos, que pueden corregirse con inteligencia y buena voluntad.

D- EJERCICIOS

1- Haz un recuento de todos tus conocidos y todos tus contactos
2- Haz un recuento según la frecuencia de comunicación con ellos
3- Haz un recuento según la frecuencia de convivencia con ellos
4- Haz una selección de aquellos con quienes quieres procurar una relación positiva de ti hacia ellos, una comunicación y cultivar su amistad o su relación
5- Selecciona algunas iniciativas de comunicación y de convivencia para cada grupo escogido

E- PREGUNTAS

1- Las relaciones Interpersonales positivas son
   a) Naturales y por lo tanto todos tienen buenas relaciones con los demás
   b) Se traen de nacimiento, se refuerza de niño y se escoge, desarrollarlas de adulto
   c) Imposibles de desarrollar en la práctica
   d) Algo que se puede aprender en la Universidad a través de libros

2- La comunicación con los demás debe de ser
   a) Significativa para ambos, tanto el emisor como el receptor
   b) Al grano y que quede claro lo que quiere el emisor

c) El receptor debe de escuchar y responder siempre
d) El emisor y el receptor deben ser amigos siempre, para poder comunicarse

3- La comunicación con los demás se da:
a) Solo con palabras
b) Con palabras y se muestran las actitudes automáticamente
c) Con palabras y se muestran las actitudes automáticamente y lo evidencia el lenguaje corporal
d) Con palabras y se muestran las actitudes automáticamente, lo evidencia el lenguaje corporal y es importante también observar lo que no dice en palabras
e) Con palabras y se muestran las actitudes automáticamente, lo evidencia el lenguaje corporal, es importante también observar lo que no dice en palabras y dependiendo del receptor.

4- Las emociones y sentimientos son:
a) Irrelevantes en las relaciones interpersonales
b) Aliados del emisor en la comunicación que refleja la verdad
c) Enemigos de la comunicación verbal
d) Acomodables según el emisor, actuando los que le convengan

5- La comunicación más fácil de entender es:
a) La que es lógica, sencilla y demostrable
b) La que está presentada en pantalla y en diversos idiomas
c) La que es científica
d) La que es dogmática

IV.5- Resolución de Conflictos

A- DEFINICIÓN Y DESARROLLO

DEFINICIÓN

Es la habilidad de interactuar con gente, en medio de intereses encontrados, o sentimientos negativos, que producen generalmente relaciones antagónicas y que por motivos de inteligencia racional y emocional hace que se conviertan, en relaciones y emociones positivas, de uno para el otro, o de unos, para con otros.

Esta habilidad proviene del corazón, o también del corazón conectado con la inteligencia racional, dicho en otras palabras, manda en los pensamientos los derivados de la bondad, de la humildad, de la aceptación, de la honestidad, del bien común, de seguir el ejemplo de la naturaleza, de la trascendencia, de la confiabilidad.

Esto quiere decir, que no cualquier acuerdo, es producto de una resolución de conflictos.

Hay acuerdos forzados, impuestos por el más fuerte de las partes, que dejan resentimientos y sentimientos negativos. Estos acuerdos, no son producto de una buena resolución de conflictos.

La Resolución de conflictos implica un resultado final doble: Ciertamente acuerdos por un lado, pero con aceptación humana, de cada parte, por el otro lado. Aceptación, que significa paz y armonía entre las partes.

Para poder llegar a este resultado doble favorable, donde había antagonismo y se pasa a un estado de aceptación, significa, que el que tiene la habilidad de Resolución de Conflictos, primero debe saber poder cambiar y evolucionar de un estado de conflicto, a un estado de no conflicto, de un estado de sentimientos negativos a un estado de sentimientos positivos. Esta es una condición necesaria para saber y poder hacerlo con alguien más.

En ocasiones, ceder algo del interés personal, ayuda, pero no es la única opción, para la Resolución de Conflictos, pues muchas veces el cambio de perspectiva, la modelación de una nueva actitud, romper algún paradigma de bajo calibre y sustituirlo con otro paradigma de mayor calibre son caminos viables para la Resolución de Conflictos.

Si desglosamos la cadena de eventos en un conflicto son: 1- Una situación personal de creencias, 2- un estímulo que impacta emocionalmente, una reacción humana, 3- una relación con otra persona y su humanidad, que a su vez tiene un set de creencias y actitudes y que a su vez recibe un impacto emocional de la relación humana, 4- un diálogo entre personas (verbal y no verbal), 5- un diálogo interno de cada una, consigo misma 6- un proceso de interacción entre ambas para resolver diferencias (negociación) y 7- un resultado de las relaciones en términos de contenido y forma, siendo el contenido el resultado tangible y la forma, los sentimientos que quedan entre las personas y consigo mismas cada una.

Esto quiere decir que la habilidad de Resolución de Conflictos, tiene que ver con aspectos internos de manejo de sentimientos, con inteligencia racional para discernir, con dones de relaciones humanas, con el manejo del poder de la autoridad moral no de la fuerza. La autoridad formal puede ayudar o perjudicar en el manejo del conflicto dependiendo de los dones de la persona que tiene esa autoridad formal.

Conflicto es, no lograr lo que quiero y que creo que me corresponde.

En un extremo de este gran camino de la Resolución de Conflictos, está una postura aprendida del budismo donde dice que el deseo es la causa de todo mal, de todo conflicto y que si te desapegas de cualquier deseo no hay conflicto alguno, ni contigo mismo, ni con los demás.

En el otro extremo de la Resolución de Conflictos está la ley. La ley que teóricamente imparte justicia y eso arregla la situación entre las partes y en teoría también todos deben quedar contentos con esa impartición de justicia a través de reglas perfectas y si no lo contempla la ley entonces a través de jueces perfectos y de abogados perfectos, de las partes.

La verdad es que en la vida práctica, ninguno de los 2 extremos es suficiente y total o sea que no funcionan perfectamente. Es donde la habilidad de Resolución de Conflictos entra en la práctica.

PRÁCTICAS EN LA RESOLUCIÓN DE CONFLICTOS

De los oficios que más practican esta Resolución de Conflictos, son los Coaches, los sacerdotes, los jueces, los maestros, los diplomáticos (algunos) y algunos raros políticos que se salen fuera de lo común, porque entienden que su oficio es precisamente lograr acuerdos, lograr armonía entre los diferentes grupos de interés. En el caso de la política actual desafortunadamente se ha perdido esta definición de política y se ha sustituido por la de ganar votos, con lo que sea posible, lo que ocasiona conflictos mayores.

Tener conflicto tanto contigo mismo como con otro, no te da paz y no te puede dar felicidad.

Conflicto contigo mismo y conflicto con alguien más es una complejidad distinta. Contigo mismo lo puedes resolver con tu propio diálogo interno, conflicto con otros, necesitas interactuar con el otro, para resolverlo. Se trata en este último caso de conflicto de 3 escenarios: 1- el tuyo interno, 2- el posible conflicto interno del otro y 3- el conflicto entre los dos. Si son más personas en conflicto pues habrá qué agregarle el de cada quien y el de la relación de cada quien con cada cual.

Es aquí donde la inteligencia racional analítica, juega un papel fuerte, pues es como una matriz donde en una columna de la matriz aparece cada persona, en la siguiente columna aparece el querer de cada persona, en la siguiente columna aparece cada relación de cada persona con las demás, incluyendo su química. Contenido del querer de cada quien y forma de relacionarse con los demás. A veces el conflicto, se resuelve modificando el contenido y a veces se resuelve modificando la forma y a veces se requiere de modificar ambas (contenido y forma).

Pero es la sensibilidad, el corazón, la intuición, la que se encarga de los aspectos de forma y de interioridad, muy importante para la Resolución de Conflictos. David Hawkins (ver capítulo de Conciencia de Emociones) es un experto en decir que entre mayor sea el grado de conciencia, mayor es la habilidad de Resolución de Conflictos. Sobre todo por el lado de equilibrio personal. Entre menos sea el nivel de conciencia menor la posibilidad de resolver primero tus propios conflictos y por tanto, menos la posibilidad de ayudar a resolver los conflictos de los demás.

Estar en conflicto estimula el enojo, la intranquilidad, la tensión, la duda, el desequilibrio. Por eso hay algunas personas que tienden a evitar el conflicto y otras lo enfrentan. Generalmente es la madurez o sea la experiencia de haber enfrentado conflictos, analizar sus consecuencias y haber tenido experiencias de buenas soluciones lo que te hace más experto en Resolución de Conflictos.

Estar en conflicto significa una diferencia entre tus expectativas propias y una realidad percibida diferente a tus expectativas. A veces se resuelve logrando tus expectativas mediante ciertas soluciones que te mejoran en tu intento de lograrlo y a veces modificando tus expectativas. Tus ganas personales por un lado y tu realidad conseguida por el otro lado, siendo imparcial contigo mismo.

Qué es lo que pasa cuando ganas en el contenido y pierdes en la forma o sea cuando ganas en lo tangible del resultado y pierdes en lo intangible de tu equilibrio interno y de tu sentimiento natural de justicia y qué es lo que pasa cuando pierdes en el contenido y ganas en forma.

En la mayoría de las veces la vida continúa y solo es una batalla la que se está librando y entonces es la guerra la que se debe de ganar y no una batalla. La guerra finalmente es con tu propia vida y es la muerte la que termina tu guerra, por lo memos aquí en esta vida. Por eso es importante lograr un estado de resolver conflictos, tomado la prioridad correcta del conflicto en la vida y no perdiendo de vista el significado que tiene en tu vida.

Escuché en una ocasión, el caso de una persona que se quitó la vida porque perdió 20 millones de dólares de un golpe, pero le quedaba todavía 3 en su poder. Prioridad equivocada que se le dió al conflicto. Obviamente ni por toda la pérdida de patrimonio económico, amerita una decisión de este tipo.

Veamos el ejemplo de una herencia en que uno de los hijos se queda con la mayoría de la herencia con mañas, pero queda en toda su vida las relaciones demeritadas con sus hermanos.

Aquí es donde se contesta la pregunta ¿qué pasa si resuelves el contenido, pero no la forma? La respuesta es darle importancia a los 3 aspectos: 1- Prioridad que tiene el conflicto en tu vida, 2- contenido o parte tangible de la solución del conflicto (esta parte se llama Solución de problemas que se verá más adelante como una de las habilidades de inteligencia emocional) y 3- la parte de la forma, del sentimiento que no se puede ocultar, lo que dice tu corazón y que se transmite en tus relaciones con los demás.

COMO AUMENTAR TU HABILIDAD DE RESOLUCION DE CONFLICTOS

4 aspectos clave son los que sirven de base para esta habilidad:

1- Tu Auto Concepto que te sirve para poner las prioridades correctas de tus conflictos y para percibir si es un conflicto, grave, leve o ni es conflicto.
2- Tu intuición, sensibilidad, conciencia de emociones, empatía y responsabilidad social para manejar tus sentimientos negativos y para leer a los demás, tanto sus motivaciones como sus temores.
3- Tu inteligencia racional para manejar los contenidos tangibles esperados en la resolución de conflictos.
4- Tu visión para entender las perspectivas de todos, ver el bosque y otros bosques y ver cada árbol y cada rama para salirse de la caja que comúnmente se piensa únicamente. Creatividad e innovación.

Respecto al punto 1 ya hablamos del Auto Concepto pero deseo agregar que en la medida que tu Auto Concepto incluya fines de trascendencia, tus momentos presentes los vas a circunscribir en un contexto de largo plazo visto humanamente y de eternidad visto espiritualmente.

Cuando así es tu Auto Concepto entonces ensanchas tus perspectivas y un conflicto se convierte en una oportunidad para trascender bien, en una batalla, pero no en la guerra, en un medio y no un fin en sí mismo y las soluciones salen más fácilmente.

Respecto al punto 2, aparte de leer las habilidades de Conciencia de Emociones, Empatía, Responsabilidad Social, deseo agregar que cuando das de tu parte, se genera una cadena que otros también dan. Si te ven feliz dando, se contagia a los demás.

Respecto al punto 3 de Inteligencia racional, úsala para descubrir causas y no irte con los síntomas de los problemas. En el capítulo sobre Solución de Problemas, verás este enfoque metódicamente.

Respecto al punto 4 sobre Visión, es muy importante no ahogarse en un vaso de agua, no perderse en el bosque, no darle vueltas a lo mismo, no buscar el objeto perdido debajo del farol porque allí hay luz, sino donde se te perdió el objeto, no buscar la solución únicamente en lo que tú sabes sino investigar más, salirse de la ceguera de taller que nos ataca cuando nos encerramos.

Generalmente un conflicto individual sucede de la siguiente manera:

1- Un deseo o una expectativa de alguien. A veces es único y a veces es múltiple. A veces es explícito y manifiesto y a veces es implícito y mantenido en reserva.
2- Una realidad que permite a medias, o no permite, que suceda el deseo o la expectativa.
3- Una reacción de la persona que no acepta y busca cambiar la realidad. Echar culpas, enojarse, exigir cambiar el resultado, eliminar obstáculos ilícitamente, para lograr el resultado deseado, usar fuerza, usar poder, usar autoridad.

Los deseos generalmente son de índole motivacional, empezando por los básicos que son alimentación, salud, protección, educación elemental, pertenencia, económicos, de saber, de poder, de orgullo, de servicio, de trascendencia.

Hay conflictos que afectan el orgullo, la economía, la confiabilidad, el status, la comodidad, la salud, dependiendo de cómo se manejen. El conflicto genera más tensión que proviene de adentro.

La inteligencia emocional consiste en revisar internamente tus expectativas y tus deseos a la luz de una realidad y tomar decisiones y acciones sabias ya sea para aceptar, para reemprender, para agradecer, para pedir, para negociar en términos de respeto y auténtico deseo de dar a los demás lo que puedes y tomar de los demás, lo que ellos dan de buena voluntad, de acuerdos conseguidos y no más.

Hay 2 perspectivas en la Resolución de Conflictos: La de que todo en esta vida, es escaso y entonces lo que tú tomas, se le quita a alguien más y siempre hay conflicto (Escasez de los bienes) y la de que hay ciertas cosas (la mayoría), que son infinitamente abundantes y que no debe de haber conflicto con otro, si tú consigues algo, que tú deseas, porque a ti te corresponde y hay para todos, los que lo desean, porque les corresponde (Abundancia de los bienes).

Mientras que la primera de las perspectivas (Escasez), te lleva al conflicto casi siempre, la segunda (Abundancia para todos) te lleva a la solución del conflicto casi siempre.

Si te repartes con alguien una herencia, a primera vista, se trata de la primera de las perspectivas, sin embargo si ves en la herencia también los dones recibidos y ves el potencial de esos dones, para que al usar esos dones recibidos, se multiplique la herencia es cuestión de ponerse de acuerdo, qué bienes se manejen juntos en vez de separados con una organización idónea y multiplicar la herencia en conjunto, entonces das lugar a la segunda perspectiva que se aplica mucho en familias, a través de fideicomisos o sociedades empresariales o corporativas.

En casi todo tienes la posibilidad de aplicar las 2 diferentes perspectivas y aparentemente son opuestas. En el caso de la energía para vivir, es abundante y si tú tienes más no se la quitas a ningún otro. En el caso de conseguir dinero, lo más común es decir que es muy limitado pues cuentas lo que tienes y es limitado, no alcanza para lo que tú quieres, pero si lo ves en la segunda perspectiva, te darás cuenta que puedes obtener el dinero a granel si ofreces proyectos de buena rentabilidad para ese dinero y entonces claro que consigues todo lo que quieras, al precio de darle un buen retorno a la inversión. En el caso de conseguir amigos es algo abundante también, a menos que te metas en la perspectiva de la Escasez, que te lleva a decir que no quieres compartir al mismo amigo con otro, porque entonces se te desgasta. En el caso de conseguir hijos claro que está limitado a tus hijos naturales, (Perspectiva de Escasez) pero cuando te metes a la segunda perspectiva muchas veces por necesidad, se puede dar el caso de tener muchos hijos adoptados (Perspectiva de Abundancia).

CONFLICTOS DE INTERÉS

Un conflicto de interés se da cuando 2 o más personas participan en una operación, donde el monto del beneficio de cada uno, depende de la decisión de otro y éste otro, ve reducido su beneficio al aumentar el beneficio del otro.
Relaciones naturales de conflicto de interés es muy común:

> Cliente-proveedor, donde un mayor precio beneficia al proveedor y perjudica al cliente.
> Patrón-trabajador, donde un mayor salario beneficia al trabajador y perjudica al patrón.

Favoritismos por relaciones de parentesco o de amistad en donde se altera la relación normal por la preferencia.

Desviaciones del deber ser del negocio, o de la operación o de la institución para beneficiar a alguno de los participantes de manera corrupta.

Ser la misma persona la que contabiliza y paga. Ser la misma persona la que contabiliza y audita. Ser la misma persona la que recibe el dinero, la que pone el presupuesto, la que contabiliza, compra y paga.

Tenemos en nuestra naturaleza humana las 2 posibilidades, 2 escenarios, 1- el de actuar por conveniencia personal, prefiriendo el beneficio personal (este escenario 1 se resume así: "primero el beneficio propio y luego ya veremos") y 2- el de actuar para el beneficio común, subordinando el beneficio propio, que también debe de haber, al bien común y a un "deber ser" ya sea honorable, acordado, implícito o convencional (este escenario se resume así: "beneficio propio, después de servir proporcionalmente, los beneficios del bien común").

En la ley natural, el primer escenario es propio de los primeros años de vida y el segundo es propio de los años adultos, entre más adulto mayormente.

En los años intermedios el escenario correspondiente (el 1 o el 2), es propio de la educación recibida y del ejemplo a seguir, por la cultura donde te encuentras.

Con esta ley natural en mente, lo recomendado para manejar conflictos de interés es reconocer los 2 escenarios posibles y emitir reglas y lineamientos que faciliten a las personas evitar el escenario 1 y orientarse al escenario 2, que es el que permite lograr sustentación de la organización, de la especie, pues de otra manera tiende a destruirse. Si polarizas los beneficios a un pequeño grupo, tiende a haber descontento natural y cuando se convierte en grave hay destrucción, o más bien dicho, comienza la destrucción sutilmente, desde que empieza la polarización y va creciendo hasta manifestarse la destrucción.

Para hacer esto, hay muchos medios, empezando por códigos de ética, divulgándolos apropiadamente y dando medios de control, continuando con leyes y juzgados independientes y en todos los casos terminando en acotar la autoridad y el poder a través de mecanismos de "check and balance" que significa "no ser juez y parte", haciendo que las decisiones se tamicen por 2 entidades independientes o relativamente independientes. En el caso de la familia esas 2 entidades son: Papá y Mamá. En el caso de algunas instituciones es Chairman y CEO, y en el caso de nosotros mismos es triple: Mente, cuerpo y espíritu para los que creen en el espíritu y para los que no, entonces se quedan 2: mente y cuerpo.

B- PERFIL HUMAN SIDE

En cuanto a comportamientos, si vemos el human side, descubrimos que tanto el escenario 1 de "primero el beneficio propio y luego veremos lo demás" y el escenario 2 de "beneficio propio, pero después de surtir el beneficio del bien común, de manera proporcional" se puede dar, tanto en comportamientos activos como en comportamientos pasivos. Sin embargo, puede existir una tendencia, que en comportamientos muy activos, sobre todo en niveles agresivos, la tentación de irse por el escenario 1 es mayor.

En cuanto a intereses y valores, el servicio social, la religiosidad y espiritualidad inciden de manera natural en influenciar más, que suceda el escenario 2, por sobre el escenario 1.

En cuanto a proceso pensante es el pensamiento derecho muy poderoso para influenciar el pensamiento intangible y entonces es cuestión de orientación, educación y voluntad el canalizar que suceda el escenario 2 o el escenario 1. Ambos, pueden suceder con procesos de pensamiento poderosos, lo que ocasiona alta peligrosidad si escogen el escenario 1 y alto beneficio al bien común si escogen el escenario 2. Es materia de elección personal.

C- HABILIDADES NATURALES

Cuando se tiene alta la habilidad de Resolución de Conflictos, automáticamente incide y proviene de tener alta la habilidad natural, de Equilibrio, Flexibilidad (por causas de creatividad), Determinación, al tener que predicar con el ejemplo, en haber usado el escenario 2 (Beneficio personal, después de surtir los beneficios al bien común de manera proporcional).

También la habilidad natural de Resistencia, es muy importante para tener y desarrollar la habilidad de Resolución de Conflictos, pues los conflictos, casi nunca se resuelven a la primera. La habilidad de persistencia y paciencia es muy importante también.

D- EJERCICIOS

1- Haz una lista de algunos conflictos humanos donde quisieras aplicar estos enfoques y técnicas para su solución. Primero de orden personal, luego familiar, luego de trabajo, luego del círculo de amistades, luego de tu círculo social.

2- Escoge uno de ellos y primero analiza tus creencias e intenciones de acuerdo a tu educación.

3- Luego imagina el "debe ser", qué solución es la ideal según tú.

4- Coméntala con alguien de tu confianza en plan de que se convierta en tu asesor. Que te dé otra posible solución distinta a la tuya.

5- Analiza las diferencias, con tu solución ideal original y analiza las posibles razones de por qué son diferentes.

6- Repiensa tu solución y corrígela

7- Vende tu solución a la persona afectada y ten la flexibilidad, empatía, para escuchar sus planteamientos y reacciones y piensa en sus opiniones.

8- Decide en consecuencia

9- Observa los beneficios y los posibles perjuicios

10-¿Qué aprendiste?

E- PREGUNTAS

1- Conflicto es
   a)- Un problema físico que se resuelve por la ciencia
   b)- Un problema que causa un malestar a una persona por el comportamiento, decisión o trato de otra persona relacionada
   c)- Una característica humana común a todos
   d)- Es un problema que no se pudo resolver y que no se podrá resolver nunca

2- Conflicto de interés es
   a)- Cuando 2 personas tienen un pleito
   b)- Cuando muchas personas entre sí se pelean
   c)- Cuando la persona que decide puede preferir su bien propio por encima del bien de todos los que representa.
   d)- Es un problema entre personas inmaduras y aprovechadas

3- Cuáles son las habilidades naturales que se necesitan para la Resolución de Conflictos
   a)- Fuerza, análisis racional y asertividad
   b)- Agilidad, sentido de urgencia e improvisación
   c)- Flexibilidad, Resistencia y Equilibrio
   d)- Amistad, compañerismo y paternalismo

4- Cuál es el escenario más común que genera un conflicto
   a)- Beneficio propio por encima del beneficio de los demás participantes, en forma desproporcional
   b)- Beneficio propio subordinado a la proporcionalidad acordada con los participantes
   c)- Una ley y un juez sensibles al bien común
   d)- Un código de ética

5- La Resolución de Conflictos se hace mejor cuando
   a)- Hay leyes y jueces que dictaminan todo
   b)- Hay el escenario de beneficio propio primero, entre las partes
   c)- Hay el escenario de bien común entre las partes y confiabilidad entre las partes
   d)- Todo se lo dejas a la religión

V- REALIZACIÓN PRODUCTIVA

Cómo te desenvuelves en tu vida, con tus proyectos, tus objetivos, tus oficios a desempeñar, con tus cosas, tu dinero, tus negocios, tus empresas, con instituciones, con tu familia como proyecto de vida, con tu misión en la vida.

Cómo te relacionas con los asuntos, con la naturaleza, con la ciencia, con las herramientas, con las instalaciones que te rodean, con el arte, con el deporte, con los instrumentos de trabajo, con la computadora, con los problemas de funcionamiento del equipo que te da servicio, ya sea de transporte, de trabajo, de confort, con el uso del tiempo.

Das soluciones a los problemas, o das problemas a los que te rodean.

La Realización Productiva tiene que ver con lo que haces o dejes de hacer. A dónde vas, con qué propósito, cómo es que llegas: rápido, lento; estable, inestable; en el blanco o fuera del blanco; efímero o sustentable; con más talento o con más desgaste de tu talento; qué resultados tienes y con qué satisfacción.

¿Qué consigues para ti, para tu familia, para terceras personas? Es objeto de tu Realización.

Qué tan bien desempeñas tu oficio, también es objeto de Realización.

<u>¿Lo haces productivamente?</u>

Productivamente significa con excelencia en los resultados y con eficiencia en el uso de recursos. No con desgaste excesivo, para que sea sustentable. Recursos no se refiere únicamente a dinero. Más importante que el dinero, es el uso del tiempo, el uso de las disponibilidades de otras personas, el uso de tu energía personal y el de otras personas involucradas.

Significa que logras más resultados, con menos recursos que la mayoría de la gente, haciendo eso.

Significa que tus intenciones, creencias, actitudes, comportamientos, habilidades (naturales, técnicas, racionales y de inteligencia emocional) están muy alineados a los resultados, en tu quehacer.

Significa que hay mejora continua, como sucede con los récords olímpicos, se van rompiendo con mejores actuaciones.

<u>¿Lo haces con pasión?</u>

Con pasión significa que eres feliz haciéndolo, que te realizas haciéndolo.

Hay casos en que el gusto se descubre desde muy pequeño y hay casos en que el gusto se descubre con una actividad aprendida, con una actividad que no se tiene de niño.

<u>¿Evolucionas de acuerdo a tu ciclo de madurez y al ciclo de la empresa oficio o lugar de trabajo?</u>

Significa que no eres el mismo a los 12, que a los 22, que a los 52, que a los 72 años de edad. En el deporte se hace más evidente que en otros oficios, sin embargo en todos los oficios sucede.

Significa que tu oficio y tu empresa no son los mismos al nacer, que en su consolidación, en su crecimiento acelerado, en su crecimiento posterior, en su declive, en su replanteamiento.

¿Tu ciclo personal va acorde con el ciclo de tu oficio y con el de tu lugar de trabajo?

Significa que tus decisiones deben ir haciéndose valientemente para realizar los cambios de ciclo, como esa suerte del deporte charro, que se llama el paso de la muerte, donde pasas de un caballo a galope, a otro también a galope, con la diferencia que en la vida real, a veces pasas de caballo a tigre o a águila o a avión y más tarde puedes pasar a montar a perro o a burro o a ferrocarril.

Significa que tu plan de vida hay que irlo cambiando con evolución, para no tener que sufrir una revolución, en el cambio, por no hacerlo a tiempo.

La Realización Productiva se refiere a esa parte de la vida, que a ti te toca ejecutar, que no son delegables a otros, esas actividades personalmente desempeñadas y que si las delegas entonces desaparece tu realización en ese tema.

Ejemplos: la atención a tu pareja, la atención a tu hijo o hija, a tus padres. Las consecuencias son absolutamente diferentes si esas actividades se las delegaras a otro.

Ejemplos en el caso de tu negocio, o tu empresa: la decisión de aportación de capital, de pago de dividendos, de hacer o no hacer un proyecto grande de inversión, de contratar o despedir a una persona importante. De hacer una empresa o negocio sustentable o efímero. Las consecuencias son absolutamente diferentes si esas actividades se las delegaras a otro.

Ejemplos en el caso de un oficio: Músico, desempeñarte personalmente en el concierto es algo no delegable; Deportista, desempeñarte personalmente en el torneo es algo no delegable; Doctor, operar al paciente personalmente porque por su destreza es la que importa más en el juego. Las consecuencias son absolutamente diferentes si esas actividades se las delegaras a otro.

¿Y cuando esas destrezas ya no son suficientes por la edad?

Es cuando hay que anticiparse con una evolución deliberada y bien planeada.

Para cubrir todo el tema de "Realización Productiva", o sea lo que hemos dicho de "Ejecución Personalmente Desempeñada", navegaremos 4 sub temas que son: Objetividad, Flexibilidad, Solución de Problemas y Realización Personal.

V.1- Objetividad

"Toda la teoría es gris, pero el árbol dorado de la vida real, en primavera es siempre verde". (Goethe, 1808)

"Existen algunas personas que viven en un mundo de sueño, existen otras personas que enfrentan siempre a la realidad y existen otras personas que hacen que el primero se vuelva el segundo". (Douglas Everett)

A- DEFINICIÓN Y DESARROLLO

Objetividad es la habilidad para apreciar la correcta correspondencia entre lo que percibes y lo que verdaderamente existe. Es la capacidad para ver las cosas objetivamente.

Lo que verdaderamente existe en nuestro mundo terrenal, generalmente se da a conocer, mediante la evidencia de nuestros 5 sentidos (vista, olfato, oído, tacto, gusto) que pueden ser comprobados por varias personas o mediciones objetivas por instrumentos tecnológicos, en caso de duda.

Sabemos que estos 5 sentidos, tienen limitaciones de alcance, pero hoy por hoy la ciencia está basada en este tipo de evidencias por lo que en este capítulo de Objetividad usaremos este mismo concepto de evidencias. Causas con sus efectos que suceden repetidamente.

Para lograr esta objetividad en el mundo real, exterior, se requiere de una concentración en los hechos, aislándose de los sentimientos o ruido que producen otras personas según sus percepciones subjetivas.

Hay algunas personas que tienen esta predisposición natural y a otras les cuesta mucho trabajo, pues se van por los ruidos de lo que se dice, de lo que dicen los demás, se les llena la cabeza, con esas percepciones vagas o superficiales y no se concentran en el hecho y los efectos materiales.

El mundo material, de la naturaleza sin personas, del equipo electromecánico, de la electrónica, de los astros, tiene ciertas leyes físicas, químicas, matemáticas que se repiten una y otra vez. Estas leyes fueron obtenidas de la observación de gente sobre estos comportamientos de la materia, de la naturaleza, de los astros y fueron asimilados y sintetizados en leyes y fórmulas matemáticas. No dependen del estado de ánimo de las personas, sino que suceden independientemente de los gustos y deseos de las personas.

A la objetividad también se le llama poder "probar que es real". Tener Objetividad significa también esa orientación a probar en la práctica, a medir, resulta de un pensamiento pragmático, ver para creer. A comparar lo que se dice, lo que se percibe, con lo que resulta en la práctica. A analizar diferencias de grado, a segmentar, a matematizar, a clasificar, a comprobar y tener evidencias.

En aspectos de percepción humana el que es objetivo tiende a decir las cosas como son, si alguien dice algo y no está comprobado, se concreta a decir que alguien así lo percibió, pero que se reserva su juico sobre si es verdad o no.

DIFERENCIAR HECHOS DE OPINIONES

Los hechos y las observaciones objetivas son medibles y comprobables. Las opiniones a veces solo son ocurrencias personales, pensamientos subjetivos o deseos.

Se focaliza sobre un hecho, un pensamiento, una frase pero se aísla, para poder juzgarlo fríamente.

Es donde vale diferenciar claramente Hechos de Opiniones. Simulaciones de Realizaciones. Supuestos de Comprobaciones. Teoría de Práctica.

Es útil para la Objetividad, diferenciar un problema de un conflicto. Un problema es que algo no está funcionado conforme a lo diseñado, un conflicto es que hay una diferencia de opinión, posición, acuerdo entre dos o más personas, donde los sentimientos generalmente están encontrados.

En el caso del problema, la solución está directamente relacionada con las causas y los efectos tangibles y comprobables, independientemente de los sentimientos y percepciones de las personas.

En el mundo del funcionamiento de las cosas, el tiempo que es claramente medible juega un papel muy importante. Los efectos se miden mucho en relación con la variable tiempo. Asimismo la relación de variables tangibles, físicas, químicas juegan un papel muy importante, de tal manera que estas relaciones y sus comportamientos son objeto de una gran profundidad de pensamiento.

PERCEPCIONES

En el mundo de las percepciones humanas, se abren dos tipos de apreciaciones, 2 tipos de personas, los que son objetivos y comparan entre percepción y realidad y los que confunden percepción superficial o aparente con la realidad y que por tanto adolecen de objetividad. Estos últimos generalmente tampoco distinguen bien entre su percepción personal y la realidad, solo distinguen entre su percepción y la de otros y desafortunadamente la mayoría de las veces piensan que su percepción, es la real y correcta y la de los otros falsa.

La percepción humana está influenciada por miedos y motivaciones, por deseos y necesidades. Entre más aprehensión exista con estos sentimientos es más la desviación con la realidad. Uno de los métodos para aumentar la objetividad, es enfrentar estos temores, deseos y experimentar una realidad, con la voluntad de ver qué pasa, sin prejuicios. El resultado muchas veces es que hay que corregir internamente algunos sentimientos con nuevos paradigmas, nuevos pensamientos, nuevas creencias obtenidos de la experimentación y de atreverse a probar en la realidad.

Otro método para descubrir lo subjetivo de un sentimiento es envolverse en el sentimiento o temor y darse cuenta de que es artificial y que se debilita, al envolverse en él, pues no está sustentado en la realidad. Este método lo usan en India. Es una manera de corregir creencias enraizadas en tu mente.

En el caso de muchos animales cuando llegan a enraizar por miedo estos sentimientos convertidos en creencia, ejemplo cuando se queman fuertemente al salir de "x" lugar por mucho, aunque se elimine el fuego ellos no vuelven a salir por allí, aunque objetivamente, se elimine la causa de miedo, ellos siguen actuando como si fuera real la causa de miedo para siempre.

Otro método es tomar parte activa de las materias de ciencia, matemáticas, física, química, mecánica, eléctrica, electrónica, procesos tecnológicos, producción, comportamientos de los materiales, flujo de fluidos, computación, aeronáutica y tantas ramas del conocimiento que tienen que ver con las leyes materiales, plenamente comprobables.

Tocar piso es precisamente estar en contacto con estas realidades y darse cuenta que la tierra sigue su curso, que la naturaleza es buena pero implacable, que mañana sale el sol de nuevo y es otro día.

Para aumentar tu objetividad se recomienda, abrirse a ver otros puntos de vista además del tuyo y a comprobar en la práctica los diferentes puntos de vista. A desconfiar de tus primeras percepciones y a comprobarlas, a no suponer, a ver resultados. Encontrarás que hay que aprender a usar un lenguaje donde se especifique o se aclare si lo que dices está comprobado o solo es una mera apreciación superficial ya sea de ti mismo o de una tercera persona.

Vivir, hablar y escuchar con superficialidad y no diferenciar si hay sustento en lo que se dice, o no lo hay, reduce tu objetividad.

Cuando das por bueno cualquier juicio o das por malo cualquier juicio sin investigación.

Un nivel muy alto de conciencia es cuando se descubre con la razón un fenómeno natural, biológico, físico, químico, astro físico y se experimenta una cierta concentración tal que quedas absorto con las maravillas del diseño de los astros, de la vida, del cuerpo humano, de la naturaleza.

Kant fue una persona que trató de vivir al máximo la objetividad, la racionalidad producto de la relación con las cosas, con los eventos que tienen una causa y un efecto, que si es razonado y entendido es mejor. Que haya una causa consciente y luego una acción deliberada, con resultados objetivos, palpables, tangibles. Siempre tocando piso, donde se siente y se puede apreciar lógica y analíticamente los efectos naturales, corporales, materiales.

La contabilidad que pretende reflejar la historia de las operaciones y transacciones, con sus costos, es un ejemplo de pensamiento lógico, racional concentrado en los datos pasados.

La mecánica donde los diferentes elementos accionan físicamente para ocasionar un movimiento deseado es otro ejemplo y así podemos decir de la eléctrica, la electrónica, la química. Cuantos oficios, dependen de estos procesos físicos, químicos, eléctricos, electrónicos, magnéticos que requieren de una concentración de todos los sentidos, para lograr un efecto deliberado, deseado.

Aquí es cuando mantienes la objetividad, independientemente de tu emoción o tergiversas con tu apreciación la objetividad, dependiendo del resultado de tu emoción.

Cuando se obtiene el efecto deseado se desata una emoción y cuando no se obtiene el efecto deseado, sucede otra emoción. Esto empaña la percepción objetiva.

El biógrafo de Steve Jobs apunta en Jobs, ocasionalmente una deliberada distorsión de la realidad para acallar sus emociones. Sin embargo sus emociones se le salían y evidenciaban lo obvio, o sea la objetividad y entonces se le notaba que estaba fuera de la realidad.

La falta de apego a la objetividad se nota. El cuerpo te delata. La falta de apego a la verdad intencionalmente o sea la mentira también se nota, también el cuerpo te delata. Un movimiento de la cabeza, un movimiento de hombros, la fijación de tu vista, la sudoración de las manos, la tensión maxilar, el enojo, la ira, el sarcasmo, son ejemplos de cómo te delatas cuando tu aseveración se aleja de la realidad objetiva.

B- PERFILHUMAN SIDE

El pensamiento lógico y el pensamiento analítico son grandes apoyos para entender estas relaciones de variables materiales. Grandes apoyos para la observación de los fenómenos materiales. Asimismo la paciencia, la concentración y la capacidad para no involucrarse sentimentalmente, son comportamientos que ayudan a la objetividad. Esto quiere decir una baja "I" en estilo de comportamiento, un interés por la verdad o sea una media o alta "T" en los intereses, cuando esta "T" se refiere a materias de ciencias exactas sobre todo.

Cuando el pensamiento Visionario está muy por encima (numéricamente hablando) de los demás polos de pensamiento y cuando existe un bajo analítico, tiende a fantasear y con ello a desviarse de la realidad.

Cuando hay un interés político exagerado respecto de los demás intereses, tiende a preferir lo que le conviene, aunque no sea realmente correcto y sustentable en la realidad.

Cuando hay una alta "I" en el estilo de comportamiento, tiende a preferir salvar cara y proteger su imagen por sobre la realidad que sustenta la evidencia.

Cuando tenemos una baja "I" y una alta "C" en el estilo de comportamiento, una alta "L" en el proceso pensante, el comportamiento natural va hacia enfrentar las cosas como son, la realidad objetiva por encima de los deseos personales y por encima de los sueños personales.

Cuando tenemos una alta "I" y una baja "C" en el estilo de comportamiento, una alto "Político" en los intereses, un alto "Visionario" en el proceso pensante, el comportamiento natural va a hacia preferir primero obedecer los deseos personales por encima de la realidad objetiva que se puede palpar, seguramente por los demás.

Existe, claro está, una gama intermedia en la que la mayoría de la gente navega. A veces nos ganan las ganas de nuestros deseos y falseamos y a veces nos gana la realidad evidente que nos rodea. El manejo de estos claro-oscuros con tranquilidad, respeto a los demás y colaboración adecuada, es Inteligencia Emocional.

C- HABILIDADES NATURALES

La Objetividad refuerza la Fuerza para ser contundente. En las cosas, en los datos, en la información, el análisis objetivo, da Fuerza. Lo que sabes seguro que sucede en la naturaleza, en los fenómenos naturales y no son del dominio público, te da contundencia y Fuerza con los demás. Cuando sabes las causas de fondo de los problemas, te da Fuerza.

Es muy común irse con la idea de que los problemas se causan por sus síntomas y se tratan de solucionar atacando los síntomas. Grave error. La Objetividad, con investigación más profunda nos enseña un mejor camino. El de resolver los problemas de raíz.

La Flexibilidad se ve favorecida con la Objetividad cuando logras hacer ver a tu razón que la naturaleza tiene flexibilidad y que integrarla a la contundencia de tus análisis cuantitativos con variabilidad y ciclos, te da más realismo.

El equilibrio se ve favorecido por la Objetividad cuando logras observar fenómenos naturales en movimiento y en equilibrio y para cada caso observar objetivamente sus diferencias, lo valioso de cada caso.

D- EJERCICIOS

1- Estudia tu perfil Human Side y apunta lo que creas que puede estar acercándote o desviándote de ser objetivo. Tu "I", tu "C". Tu "A" en el proceso pensante, tu "T" en tus intereses.

2- Apunta casos en los que has obtenido gran satisfacción, por haber encontrado verdades comprobables y valiosas. Explícalos.

3- Cuál consideras que ha sido tu problema más difícil que haya sido resuelto, con una solución a través de un método científico.

4- ¿En cuál campo de los muy cuantitativos y medibles estás más cerca?

Mecánico, eléctrico, químico, médico, físico, contable, financiero, matemático, electrónico, de producción, de ingeniería, de construcción, de telecomunicación, de aviación, automotriz, de astronomía.

5- ¿Qué porciento de tu tiempo pasas en los campos cuantitativos mencionados y qué tiempo en otros campos donde no se juega tanto la Objetividad cuantitativa?

E- PREGUNTAS

1- Objetividad es
   a- Decir lo que piensas
   b- Hacer lo que piensas
   c- Percibir lo que verdaderamente es comprobable
   d- Percibir lo que perciben los demás

2- Un hecho es
   a) Algo que sucedió tal cual es
   b) Algo que el periódico dice que sucedió
   c) Algo que un amigo dice que sucedió
   d) Un intento de redactar la historia

3- Una opinión es
   a) Un deseo bien expresado
   b) Una intención bien expresada
   c) Tu punto de vista sobre algo que sucedió, o acerca de un tema
   d) Una aseveración irrebatible

4- La ciencia es
   a) Objetiva
   b) Especulativa
   c) Subjetiva
   d) Parcial

5- Una percepción puede ser (escoge 2)
   a) Objetiva o Subjetiva
   b) Real o alucinada
   c) Material o Física
   d) Dañina y perniciosa siempre

V.2- Flexibilidad

"No es la más fuerte la especie que sobrevive, no es la más inteligente, sino la que más responde al cambio". Charles Darwin

A- DEFINICIÓN Y DESARROLLO

Flexibilidad es la habilidad para cambiar tu actitud frente a circunstancias cambiantes. Actitud es el conjunto de tus pensamientos, tu enfoque, tu estado de ánimo, tus sentimientos, tu comportamiento para relacionarte con una realidad cambiante.

Un roble frente a vientos huracanado en diferentes direcciones, se quiebra por su rigidez, un bambú se deja mover y tiene mayor capacidad para moverse de un lado para el otro.

La inteligencia es moverse hacia el lado adecuado sin apostarle al 100 %, a uno de los lados solamente, sino dejando posibilidades de cambio para poder maniobrar ante cambios de dirección. La inteligencia para seguir siendo confiable y no convertirse en veleta sin rumbo, sino rumbo firme con flexibilidad en la navegación.

MANEJO DE LOS POLOS OPUESTOS

Cambiar sentimientos significa poder adaptarse a los sentimientos de estar abajo ahora, arriba después y no sufrir internamente un conflicto desgarrador, sino una conciliación interna sana. Flexibilidad significa poder sentir lo que pasa en los extremos y poder conciliar internamente esos sentimientos aparentemente opuestos.

Un elogio y un insulto, aparentemente son opuestos, donde el primero produce generalmente alegría y el segundo enojo.

Sin embargo, si nos detenemos a pensar maduramente el primero también puede producir ese sentimiento de "dormirse en tus laureles", que te puede perjudicar y el segundo puede producir ese sentimiento de alerta que te lleva a mejorar algo fuera de ti y además a ti mismo.

La conciliación entre los extremos es entonces, la salvación de tu integridad, de tu sustentabilidad. Un sentimiento de gozo por el elogio recibido y también por el insulto recibido, es posible. Un sentimiento de agradecimiento por ambos.

Evitar así, el enojo por un insulto, te puede salvar de un grave problema.

Evitar la confianza narcisista por un elogio, también te puede salvar de una desgracia.

La flexibilidad ante situaciones opuestas puedes ser natural, puede ser lo más conveniente, puede ser lo que te permita, entrar a una realidad interior donde tu actitud superior acepta sentimientos aparentemente opuestos con la tranquilidad y calma de una inteligencia emocional alta.

Cuando ya incurres en un fuerte enojo o bien en una alegría maníaca ya dejaste de ser flexible. Para ser flexible necesitas internalizar un sentimiento neutro que te permita manejar situaciones aparentemente opuestas.

Así como expliqué la Flexibilidad en conciliar los extremos entre insulto y elogio (enojo y alegría), así podemos hacerlo en cuanto a otros extremos o sea por ejemplo, frío y caliente, sociable y aislado, ofensivo y defensivo, disperso y concentrado. La persona Flexible tiene más tolerancia para ambos extremos, porque se adapta a ambos extremos mejor.

La naturaleza nos enseña que la Fuerza, la Resistencia, la Flexibilidad, la Agilidad, la Determinación y el Equilibrio son cualidades valiosas para el desempeño de cualquier actividad física y sobre todo si se trata de niveles de alto rendimiento.

Flexibilidad es habilidad para adaptarse a nuevos retos y nuevas dificultades cambiando de enfoque. Es poder ser versátil y manejar varios asuntos a la vez. Es habilidad para moldearse de otra forma en habilidades y reaccionar rápido en ese remoldeamiento. Es habilidad para reperfilarse internamente.

Agilidad es velocidad de pensamiento para analizar y llegar a conclusiones.

Determinación es tener el rumbo claro y apostar la vida personal por ese rumbo, es rapidez y firmeza para tomar decisiones acordes a ese rumbo, a esa intención. Determinación es Independencia y en el capítulo correspondiente lo tratamos ampliamente.

Equilibrio es tener balance, tener simetría, armonía, coordinación entre miembros corporales, entre lado derecho y lado izquierdo del cuerpo, entre brazos y piernas, entre cuerpo y mente, poderse sostener en el alambre, cerca del precipicio, caminar, correr y tener gestos corporales armónicos.

En todos los trabajos se requiere de las 6 competencias o cualidades, sin embargo en algunos trabajos una habilidad o competencia, es más importante que otra. Por ejemplo en

Producción de productos y procesos estables es más importante la Agilidad y la Fuerza que la Flexibilidad, pero en Ventas a muy diferentes clientes con una gran diversidad de productos se requiere más la Flexibilidad que la Fuerza. Aquí también la Determinación es muy importante para todos los trabajos. Sobre todo, en los trabajos de altas exigencias de competitividad.

Flexibilidad se aplica también cuando hay cambio de trabajo, cuando pasas de hacer un trabajo que requiere determinado perfil de proporciones de las 6 habilidades mencionadas, a otro que requiere de otra proporción distinta. Cuando pasas de un trabajo de Producción a un trabajo de Ventas por ejemplo. Cuando cambias de ciudad o de país, o de empresa.

Poder adaptarse a un nuevo set de habilidades donde desarrolles más la Resistencia por ejemplo, cuando en tu trabajo anterior no la necesitabas tanto, pero ahora en tu trabajo actual la necesitas más. Cuando pasas a un puesto con mayor oposición, se requiere más Resistencia.

Por ejemplo la Determinación, tiene que ver con la Independencia que ya desarrollamos en un capítulo anterior y conforme vas avanzando en puestos de mayor responsabilidad, se va requiriendo en mayor intensidad. Hay que ser flexible para poder cambiar y tener más Independencia, más determinación, conforme vas ascendiendo. También tiene mucho que ver con la Realización Personal que ya tratamos también.

El Equilibrio se requiere cuando estás en medio de conflictos de interés de personas con intereses en conflicto. No tomar partido y sostenerse sin caerse abatido por los demás. Sostenerse en el bien común, que es una línea fina y sutil, sin caerse al interés propio ni al interés del amigo. El Equilibrio tiene mucho que ver con la Conciencia de Emociones que ya vimos en el capítulo correspondiente. El Equilibrio también se requiere más en la medida que vas ascendiendo en tamaño de responsabilidades, cuando te haces cargo de gente, sobre todo de gente de diferentes estilos.

No todos pueden, no todos son flexibles para hacer este tipo de cambios. No todos tienen una amplia gama de reperfilamiento posible. No todos ven la necesidad de tener que reperfilarse.

Los que ven la necesidad de reperfilarse son los que están llamados a un trabajo de alto rendimiento, de alto nivel de competitividad, los que tienen hambre de llegar alto, de volar, de sobrepasar límites, aparentemente naturales, para descubrir más allá, para lograr un valor adicional, para sentir la cumbre, una emoción positiva.

La Flexibilidad es la que sinergiza a la Fuerza, a la Resistencia, a la Agilidad, a la Determinación y al Equilibrio, porque abraza a todas y también establece algunos límites sutiles para cada una de ellas.

La Flexibilidad te permite de manera temporal sacrificar alguna de las 5 cualidades restantes para lograr una meta. Lo importante es restablecer luego el balance de todas.

Para aumentar la Flexibilidad te conviene atreverte a ser un poco diferente y descubrir que ese algo diferente que consigues ser, es un mejor tú, que antes. Prueba en pequeños pasos de cambio. Escoge alguna habilidad o cualidad que quieras reforzar. Empieza por alguna de estas 5 cualidades naturales. Escoge cambios o reforzamientos en determinada cualidad, que obedezcan a una intención sana y útil a ti mismo (productividad) y a los demás.

Solo tú puedes decir el grado que quieres de cada una de las cualidades, es tu apuesta, es tu vida. Lo importantes es que tu decisión vaya de acuerdo con tu visión y tu misión.

Todos estamos llamados a ascender en habilidades naturales, en agregar valor a lo que hacemos, en agregar valor a nuestra relación con los demás, a tener emociones positivas más allá de las normales. La diferencia entre los que sí emprenden el viaje de ascenso y los que no lo emprenden es las consideraciones mentales, las creencias, los supuestos para vivir.

Cuando tus consideraciones mentales son la comodidad en lo actual, el camino del menor esfuerzo, tu realización a priori, tu sobreprotección, tus temores a lo nuevo, tu mente te llena de pensamientos de justificación para no cambiar tu status, para apoltronarte en tu status actual.

Cuando tus consideraciones mentales son la curiosidad por lo nuevo, por lo adicional, cuando tienes hambre por llegar a más, cuando deseas resolver y dar soluciones a mejores maneras de vivir tú mismo y los demás, cuando has sentido lo que es conseguir algo por esfuerzo, dedicación y resolviendo obstáculos, llenas tu mente con pensamientos que te justifican cambiar.

La diferencia es darte cuenta de que en el fondo tú puedes todo lo que te propones. Que tiene su precio en enfoque, concentración, dedicación, determinación, esfuerzo, desgaste. Pero que tiene sus beneficios en enriquecimiento, emociones positivas, autosuficiencia, plenitud, Felicidad.

No aumentas tu Flexibilidad si te dices a ti mismo, así como eres, está perfecto, ya no hay nada que hacer y si intentas hacerlo, te vas a equivocar y te vas a arrepentir.

B- PERFIL HUMAN SIDE

La variable "S" en el perfil Human Side, tiene mucha importancia en el manejo de la Flexibilidad.

Una "S" de 50 en el Natural, significa una capacidad de ser concentrado o disperso según las circunstancias. Si a eso le agregamos que en el Proyectado sea también de 50 y que tengas un proceso pensante balanceado entonces significa que eres equilibrado en sus juicios.

Cuando la "S" resulta por debajo del 50, significa que la persona tiende a tratar de estar en varios lugares a la vez con varios asuntos al mismo tiempo y generalmente es una seña de versatilidad y flexibilidad.

Significa que vas a buscar diferentes medios para llegar a tu objetivo y en esa búsqueda de medios eres flexible. Significa que tu concentración en el medio no es tan grande, sino más en el objetivo.

Una "S" de cero o cerca del cero significa que no te concentras en ningún medio, sino solo ansías el resultado.

Una "S" por arriba del 50, significa una mayor concentración en el medio y en el objetivo. Sin embargo no acaparas muchos medios, sino que te concentras en pocos, para lograr ese objetivo, con una concentración y persistencia en medios, para lograr el objetivo. Por lo tanto hay poca flexibilidad.

El Comportamiento superior es el que se puede lograr con una inteligencia superior. Entendiendo por una inteligencia superior ser fuerte en el Lógico, en el Analítico, en el Intuitivo (Inteligencia Emocional) y en el Visionario.

Poder ser muy concentrado 1- en el objetivo, 2- en seleccionar muy bien todos los medios necesarios y más adecuados para el objetivo y 3- en ser muy concentrado en la ejecución maestra para llegar al objetivo, con lógica, intuición y estando en flujo.

Poder mover la "S" estratégicamente según el proceso de trabajo en el que estás, y en la etapa o ciclo en la que te encuentras. Esto tiene que ver con tu crecimiento en la madurez, en el oficio o actividad en la que trabajas.

Si estás en la etapa de principiante, tu internalización del proceso de un trabajo es baja, pero en la etapa de experto tu internalización del proceso es alta y por tanto, tu velocidad, tu fuerza, tu resistencia y equilibrio es mayor, eres más competitivo. Tu inteligencia emocional se va adaptando a cada etapa siendo primero más mecánico y luego siendo más intuitivo.

Cuando vas dominando el proceso en tu camino para ser experto vas cambiando tu internalización de los procesos. Al principio forzas con determinación y repetición algunos pasos a seguir y después la automaticidad, el equilibrio y la armonía quedan manifiestos en la etapa de experto.

C- HABILIDADES NATURALES

La Flexibilidad a nivel inteligencia emocional tiene una correspondencia con la Flexibilidad como habilidad natural y física. Es muy común que una persona muy rígida en su forma de pensar, tenga líneas rectas y cuadradas en su rostro y sea algo rígido en su manera de caminar y de moverse.

Por el contrario también es común encontrarse con personas muy flexibles mental y emocionalmente, con un cuerpo más flexible y líneas en su cara más redondeadas.

Una persona flexible es más el hombre araña en los cuentos (spider man) y una persona más rígida es Clark Kent.

Los deportes extremos muy de moda e esta época, como maniobras extremas en bicicleta, motocicleta, patineta, hang glider, surf, ski, corresponde a fuerza interna, (no musculatura grande que se ve externamente) y una, eso sí, gran flexibilidad en todo momento.

Flexibilidad va con improvisación en el último segundo, en el último centímetro de distancia, en el último centímetro cuadrado de área, en el último centímetro cúbico de aire que queda.

Cuenta cada detalle pero con posibilidad de maniobra todavía. El placer de seguir siendo, en instantes tan difíciles y peligrosos, en donde otros se bloquean, en vez de vivirlos intensamente. Gran concentración y flexibilidad, gran Determinación también.

El equilibro es hermano de estos instantes importantes del último microsegundo, centímetro, centímetro cuadrado o centímetro cúbico. En esos instantes hay equilibrio y control, hay voluntad, hay decisión también.

Se puede detener el tiempo en ese segundo para placearse en él y darse el lujo de maniobrar antes del momento exacto de no retorno.

Premeditación, acondicionamiento pero improvisación también.

D- EJERCICIOS

1- ¿Cómo es tu perfil human side en cuanto a flexibilidad y rigidez?
2- Si tu perfil muestra más rasgos de rigidez que de flexibilidad, hazte una prueba de flexibilidad, intentando llegar por diferentes medios al mismo resultado. Analiza tu experiencia sin prejuicios.

3- Si tu perfil muestra más rasgos de flexibilidad que de rigidez intenta hacer un aprueba donde obedezcas al pie de la letra como si fueras un soldado y analiza sin prejuicios la experiencia.

4- Menciona algunas veces en que te han comentado que eres muy rígido. Detecta cuándo eres más rígido y cuándo eres más flexible.

5- Menciona algunas veces que te han comentado que eres muy flexible. Detecta cuándo eres flexible y cuándo eres más rígido.

E- PREGUNTAS

1- Flexibilidad es
   a)- Poder tener emociones controladas y positivas en cambios de circunstancias y de vida
   b)- Ser muy rápido en los deportes
   c)- Ser muy fuerte y decisivo al instante
   d)- Reflexionar por largo tiempo

2- No son Polos opuestos
   a)- La noche y el día
   b)- El frío y el calor
   c)- La pobreza y la riqueza
   d)- La flor y la espina

3- El temor a un extremo y la fascinación por el otro es signo de
   a)- Rigidez
   b)- Flexibilidad
   c)- Enojo
   d)- Sabiduría

4- Alta inteligencia emocional es cuando
    a)- Reaccionas controladamente a un cambio súbito
    b)- Rechazas cualquier cambio
    c)- Te apegas a lo mismo siempre
    d)- Te entusiasmas con solo el cambio que te favorece

5- Baja inteligencia emocional es cuando
    a)- Rechazas por sentimiento de culpa un cambio que te favorece
    b)- Pides más tiempo para estudiar el cambio
    c)- Aceptas un cambio que te favorece a la larga, haciendo algunas adaptaciones en tu vida
    d)- Te adaptas a un cambio por amor

V.3- Solución De Problemas

"Un problema es una oportunidad para desarrollar tu máximo potencial" Duke Ellington.

A- DEFINICIÓN Y DESARROLLO

Solución de Problemas es la habilidad para encontrar soluciones acertadas. Tiene que ver con la actitud personal, para desear enfrentar al problema, para darle solución. Tiene que ver con ser acertado en la solución dada, por el precio que estás dispuesto a pagar, en cuanto a la disciplina, dedicación y honestidad intelectual para entender a fondo el problema y evaluar situaciones. Tiene que ver con tu compromiso y determinación con la solución. Tiene que ve con tu intención de ayudarte a ti mismo y/o de ayudar a los demás

Hay 2 grandes tipos de problemas. 1- Los que tienen que ver directamente con el *mundo material* y 2- los que tiene que ver con *gente*. Los primeros pueden luego desembocar en problemas con la gente. Los que tienen que ver directamente con personas y son *entre personas* se conocen también como conflictos.

Los primeros se refieren a comportamientos de materiales, de equipo, obstáculos materiales para poder llegar a un objetivo y son de orden técnico.

Los segundos generalmente caen en problemas (conflictos) de orden interpersonal.

ENFOQUES PARA RESOLVER PROBLEMAS

Hay 2 enfoques para resolver problemas: 1- El Lógico analítico y 2- el intuitivo visionario.

El lógico-analítico ejecuta 7 pasos:

1- *Entender el problema*. Describirlo objetivamente, en qué consiste, cuándo se presenta, en qué grado y si varía en el tiempo. Entender cómo tus emociones impactan el suceso y influyen en la creación del problema. Ser objetivo en cómo es la situación real completa. Considerar otros puntos de vista.

2- *Analizar posibles causas del problema*. Investigar y descubrir posibles causas del problema. Primero sin atreverse a dogmatizar y asegurar. Si hay antecedentes investígalos. Atreverse a discriminar síntomas de causas. Probar la causa raíz para comprobar la relación causa-efecto.

3- *Plantear alternativas de solución*. Probarlas. Solicitar opinión y puntos de vista.

4- *Evaluar pros y contras, costo-beneficio de cada alternativa de solución*. Aquilata las consecuencias de cada alternativa, si resulta solución y si no resultara solución.

5- *Seleccionar la mejor opción de solución*. Planea la ejecución, establece planes de contingencia.

6- *Ejecutar la solución*. Hazte responsable en lo que te toca. Colabora con los demás para que la entiendan, la compren y la ejecuten. Tomar decisiones que comprometen.

7- *Darle seguimiento al resultado*. Aprende de la lección que resulte. Vacuna la situación contra un problema igual o parecido. Deja inteligencia del proceso para solucionar ese tipo de problemas.

La parte objetiva, la parte material se enfrenta con nuestro cerebro izquierdo, lo lógico y analítico, lo racional, lo evidente por nuestros 5 sentidos, lo evidenciable y comprobable.

El movimiento del sol, de los planetas es medible tangiblemente, se repite, se comprueba. El funcionamiento de motores y equipos es cíclico. El funcionamiento de computadoras, el comportamiento de materiales es repetitivo. Nuestro cerebro izquierdo es el adecuado para entender este funcionamiento estelar.

Los pasos 1 a 5 pueden ser cerebrales, pero el paso 6 es de estómago, de sensibilidad, de emoción por el riesgo que se va a correr, de adrenalina, de pasar al momento de la verdad, de verte en el foro, en el ruedo, en la cancha con el reloj corriendo, en la decisión por la que tendrás que responder en su momento, no detrás del telón, no en la burocracia, no en el campo de entrenamiento.

Los matemáticos, los ingenieros, los doctores en medicina, los científicos tienen un entrenamiento muy bueno para manejar estos 5 primeros pasos mencionados. Es la Inteligencia racional bien entrenada, con métodos lógicos de pensamiento: Antecedentes, clasificación de los antecedentes, resultados en el pasado, nuevas situaciones, asociación de ideas, manifestaciones de síntomas, qué, cuándo, dónde, cómo, frecuencia, intensidad, hipótesis para ser probadas, evaluación de hipótesis, conclusiones, estadísticas, síntesis y demostraciones de resultados.

Las personas entrenadas en estos procesos, si lo hacen con honestidad intelectual, objetividad, subordinación a las evidencias y no al orgullo personal, elevan grandemente su nivel de conciencia, pues se introducen humildemente al campo de los fenómenos de la naturaleza y lo que nos enseñan con contundencia. La prueba de la realidad para sacar conclusiones, es un proceso de inteligencia racional y humildad. Las estadísticas muestran cierta contundencia, pero pocas veces de 100 %. Ya un 99 % es muy válida y aún en ese nivel, existe la humildad del científico para no estar 100 % seguro, pues pudiera tocar el 1 %.

Sin embargo existe otra cara de la moneda de los problemas, la cara de efectos sutiles que a veces no detectan nuestros 5 sentidos. Consecuencias en cada persona, de acuerdo a sus circunstancias particulares, los efectos del clima en los humanos y en ciertos materiales complejos, etc.

La parte no material que tiene que ver con ciertas conexiones que tenemos pero no tangibles. Para esto también estamos equipados con la parte derecha del cerebro. La intuición y la visión o visualización.

Cómo nos conectamos con lo material y cómo nos conectamos con las demás personas. La Química de nosotros, la de lo demás (las cosas), la de los demás (otras personas), la de los animales (mascotas) y sus conexiones no tangibles.

La intuición nos permite sentir la conexión no tangible. Sentimos esa compatibilidad de la Química, sentimos cuando hay temor o cuando hay alegría o cuando hay entusiasmo.

Por esto mismo hay que complementar el método lógico-analítico para Solución de Problemas con el método Intuitivo- Visionario.

El intuitivo- visionario ejecuta 4 pasos:

Este método es el que te prepara para tener la actitud a la hora de enfrentar y resolver problemas. Tener la actitud adecuada hace la gran diferencia. Si entras con temor y desconfianza o si entras con energía, entusiasmo, con ganas de abrir cancha, de dar luz, de ayudar a los demás.

4 son los pasos que hay que dar en éste método. Sin embargo no son lineales ni discretos, ni racionales como los del método lógico-analítico.

Son intuitivos, cuánticos, mágicos, personales, sinérgicos, empíricos, vivenciales, emocionales, atemporales.

1- El primero es *Externalización*. Es cristalizar enfrente de ti el problema con sus derivaciones y orígenes intuitivamente, es sentir la situación completa o sea el problema rodeado de sus circunstancias. Expresar gráficamente y a todo color el problema, de tal forma que lo percibas emocionalmente. Es meterte en el problema, dejándote por un momento absorberte por él mediante la Externalización.

   Los detectives ponen fotos de los sospechosos y del crimen para ser absorbidos por esos personajes.

   Los ingenieros ponen fotos de los productos, herramientas o equipos, o procesos para ser absorbido por esos objetos.

   Los deportistas ponen el video del juego anterior de sus adversarios.

   Ser absorbido te permite entender sus raíces, su razón de ser, sus materiales de que están compuestos, sus fuerzas, sus debilidades.

2- El siguiente paso de este proceso intuitivo-visionario es *Simplificación*:

Deja decantar lo que quedó de esa externalización. Es un proceso intuitivo no deductivo, de síntesis. Descubre los significados más importantes del problema, las verdaderas causas. Te lo descubre tu capacidad intuitiva. Generalmente después de dormir, después de una siesta, después de un reposo, al dejar que tu capacidad intuitiva haga su trabajo con lo que internalizaste de información.

Con este primer y segundo paso vas a conocer el problema por el lado emocional.

Conviene que lo alternes con el paso 1 y 2 del proceso lógico-analítico.

3- El tercer paso de este proceso intuitivo-visionario es el de *Visualización:*

Visualiza tu acción en la solución del problema. Visualiza la solución del problema.

En paralelo realiza los pasos 3, 4 y 5 del proceso lógico-intuitivo. Alterna en forma simétrica los métodos y ve la sinergia que se produce.

En la Visualización, ve a ti mismo o ve a la persona que protagoniza la solución. Si eres tú, es más fácil, pues tú te encargas de tí mismo y la solución depende de ti. Visualiza tu rol y cada una de tus acciones una por una y repítelas.

La Visualización es el proceso en el que te identificas y te haces uno, con el blanco o sea con la meta, o sea con tu objetivo. Es éste el proceso que te permite primero encestar y luego tirar el balón de tu mano en el basquetbol. Es el proceso del cazador en donde primero caza a su presa y luego le dispara en el momento que debe de disparar, pero la presa ya está cazada desde antes.

Del momento de "Visualización Acertada" al momento de la verdad real, pueden pasar unos minutos, unas horas, unos días, unos meses o unos años.

Ejemplos de momentos mágicos, momentos eternos:

El venado que cacé ya estaba cazado dese que salí de mi casa, el momento que disparé, solo fue la consecuencia natural del proceso, estando en flujo, (fue solo un eslabón en una cadena ya cristalizada).

La canasta que encesté ya estaba hecha desde la noche anterior. La canasta sucedió en automático, ayudado por todos y todo.

La empresa que hoy tengo ya estaba hecha desde hace 25 años en mi intención y intuición. Los demás la hicieron, no yo, yo hice la convocatoria.

Es más, el momento de la Visualización, también fue un eslabón en una cadena de eventos anteriores relacionados.

Antes de tu paso 6 del método lógico- analítico, Visualiza el evento de la realidad. Que tu paso 6 esté ya bendecido por tu Visualización.

4- El cuarto paso es el de *Agradecimiento* por el resultado, cualquiera que sea.

En el paso 7 del método lógico-analítico ve con humildad el resultado para que aprendas de las verdaderas causas del éxito o acierto ó del desacierto.

Así si tuviste acierto lo compartes y si tuviste desacierto lo tomas como problema de nuevo, como oportunidad para ser mejor, para dar lo mejor de tí, como reto para iniciar la siguiente batalla que mucha falta te debe hacer.

Agradece por lo que ya se dió, por todo lo que aprendiste y viviste o por que a la siguiente se va a dar, pues no era tu momento.

Como dicen: Si te toca aunque te quites, de todas maneras te toca, pero si no te toca, aunque te pongas, no te toca.

Mejor no te quites, ponte.

Agradece todo.

DECISIÓN / EJECUCIÓN

El paso 6, es el momento de la verdad, la ejecución. Todo lo demás es preparatorio y muy importante pero todo lo demás es solo apoyo para la ejecución. La ejecución es la verdadera historia.

El presente es lo único que existe, el pasado ya se fue y no existe más y el futuro no sabes si llega y cómo llegue.

Llega el momento de actuar, después de estudiar, llega el momento de decidir después de prepararse, llega el momento de apostar por la mejor opción, llega el momento de comprometer parte de sí mismo, o bien todo de sí mismo.

Es cuando se levanta el telón, es cuando muestras tu manifestación de decisión, es cuando te muestras al mundo según la decisión que hayas tomado.

Suceden varios posibles escenarios:

Respecto al respaldo a tu decisión:

1- Los demás te aprueban con unanimidad
2- Algunos te aprueban (los más) y otros te desaprueban
3- Algunos te desaprueban (los más) y otros te aprueban
4- Nadie te aprueba la decisión.

Al final el resultado puede ser:

1- Muy acertada tu decisión
2- Regularmente acertada
3- No acertada, o sea errada, equivocada.

¿Cuáles son los efectos de estos escenarios en tu estado de ánimo?

A- Si sucede 1 con 1 muy contento tú y todos
B- Si sucede 1 con 2 no muy contento ni tú ni otros
C- Si sucede 1 con 3 decepcionado tú y los demás
D- Si sucede 2 con 1 muy contentos y satisfechos de haber salido bien
E- Si sucede 2 con 2 no muy contentos ni tú ni otros
F- Si sucede 2 con 3 decepcionado tú y muchos otros y con la presión de o otros Que no habían estado de acuerdo (peor que el C)
G- Si sucede 3 con 1 muy contento y satisfechos de ser una minoría que guió correctamente a la mayoría
H- Si sucede 3 con 2 no muy contento ni tú ni otros
I- Si sucede 3 con 3 la mayoría tiene razón y tú los desoíste. Descontento y presionado por muchos.

J- Si sucede 4 con 1 muy contento tú y con la satisfacción de haber guiado bien a la mayoría, pero con la presión de que todos no quieren sentirse mal por haber estado equivocados

K- Si sucede 4 con 2 decepcionados todos aunque con ligera satisfacción de no haber perdido todo

L- Si sucede 4 con 3 te sientes pésimo.

		RESULTADO FINAL DE TU DECISIÓN		
		1 MUY ACERTADA TU DECISIÓN	2 REGULARMENTE ACERTADA	3 NO ACERTADA, O SEA ERRADA, EQUIVOCADA
RESPALDO A TU DECISIÓN	1 LOS DEMÁS APRUEBAN CON UNANIMIDAD	A. Muy contento tu y todos	B. No muy contento ni tú ni otros	C. Decepcionado tú y los demás
	2 ALGUNOS TE APRUEBAN (LOS MAS) Y OTROS TE DESAPRUEBAN	D. Muy contentos y satisfechos de haber salido bien	E. No muy contentos, ni tú no otros	F. Decepcionado tú y muchos otros y con la presión de los Otros que no habían estado de acuerdo (Peor que el C)
	3 ALGUNOS TE DESAPRUEBAN (LOS MAS) Y OTROS TE APRUEBAN	G. Muy contentos y satisfechos de ser una minoría que guío correctamente a la mayoría	H. No muy contento, ni tu ni otros.	I. La mayoría tiene razón y tú los desoíste. Descontento y presionado por muchos.
	4 NADIE TE APRUEBA LA DECISIÓN	J. Muy contento tú y con la satisfacción de haber guiado bien a la mayoría, pero con la presión de que todos no quieren sentirse mal por haber estado equivocados.	K. Decepcionados todos, aunque con ligera satisfacción de no haber perdido todo.	L. Te sientes pésimo

De los 12 escenarios posibles hay solo 4 positivos (A, D, G y J), 3 Regulares (B, E, H) y 5 escenarios negativos (C, F, I, K y L).

ACTITUDES

Esto quiere decir que la **actitud** para enfrentar estos escenarios es muy importante.

La del guerrero: Nobleza en el triunfo sin ensoberbecerse en los positivos, exigencia para mejorar en los regulares y estoicismo y penitencia en los negativos, reentrenándose para volver a intentar y acertar.

La del soberbio o corrupto: Exageración en el premio con el triunfo en los positivos, echar culpas u ocultar lo malo en los regulares y traición al grupo en los negativos.

La del iluso y comodino: Fiesta pareja en todos los escenarios, sin importar los resultados. Lo único importante es pasarla cómodamente siempre.

La del pesimista perdedor: Volver a apostar hasta perder siempre. Pronosticar perder y atinarle.

La del maestro y del líder de alto calibre: Solo vamos por la Excelencia o sea los escenarios A y D. Hay que prepararse para primero convencer a todos vendiéndoles el proyecto y luego realizar el proyecto con el compromiso de todos o casi todos. Es más eficiente convencer desde el principio, sobre todo si se trata de un proyecto mayor.

Solo 2 escenarios de un total de 12, o sea 10 escenarios no son positivos del todo. Para tener y llegar al **acierto,** la puerta es angosta.

El resultado en sí no es el final del camino, sino es parte del camino, es una seña para darte rumbo, en el camino, que te falta seguir. Solo 2 de las actitudes mencionadas, o sea la del Guerrero y la del Maestro, son las que te recomiendo aprender y desarrollar internamente.

De hecho primero hay que ser un buen guerrero, para poder ser un buen maestro. Y para ser un buen guerrero primero se necesita haber sido un buen hijo o un buen soldado obediente.

CREENCIAS E INTENCIONES

Las intenciones del guerrero y del maestro son las de aspirar a la excelencia a la perfección, eso te da un aliciente para llegar también a algo alto, digamos a la Felicidad.

Las creencias que tiene aparejadas esas intenciones es que sí te corresponde, que sí te toca ese destino de llegar a la excelencia y más, porque eres eso y más, porque tienes el potencial para eso y más.

ESTADO DE ÁNIMO

Tu estado de calma, tranquilidad, seguridad personal ante retos y desafíos es una señal clara de que tu quinesiología, está mostrando sincronía entre tus creencias, intenciones, decisiones, comportamientos y habilidades para un resultado.

Cuando tu estado de ánimo es de intranquilidad, nerviosismo, zozobra, inquietud, ansiedad es una señal clara de que tu cinestesia, está mostrando asincronía, descoordinación, confusión entre tus creencias, intenciones, decisiones, comportamientos y habilidades para un resultado.

B- PERFIL HUMAN SIDE

La habilidad de Solución de Problemas, requiere de manejar simétricamente tu lado izquierdo con tu lado derecho del cerebro, tu mano derecha y tu mano izquierda en tus relaciones, tu enfoque técnico con tu enfoque humanístico, tu disciplina en un método analítico con una actitud inteligente emocionalmente, tus razones con tus sentimientos.

Toca a la parte izquierda del cerebro para manejar estructura, evaluación cuantitativa y demostrable, objetividad en el levantamiento de información y toca a la parte derecha del cerebro con pensamientos intuitivos que te conectan mágicamente con el objetivo y con otras personas relacionadas contigo y con el objetivo.

En los pasos 1 a 5 del método lógico analítico, entender el problema, analizar causas, plantear alternativas, evaluar alternativas, requiere de un estilo de comportamiento concentrado, paciente, persistente, sistemático, reflexivo, objetivo, frío.

En los pasos 1 a 4 tu enfoque es más a lo que sucedió y por qué sucedió y el paso 5, es más hacia el futuro, a lo que pueda suceder.

En el paso de selección, decisión y ejecución requiere de una sincronización con otro estilo diferente: Determinado en la obtención del resultado esperado, promotor y convocador de terceras personas para apoyar la solución, administrador de esfuerzos y de energías para no desgastarse de más y entusiasta emprendedor.

C- HABILIDADES NATURALES

En cuanto a las Habilidades Naturales, en los pasos 1 a 5 ya mencionados se requiere de todas, pero especialmente enfocados a Resistencia, Flexibilidad, Determinación y equilibrio.

En la segunda parte que es la decisión y la ejecución se requiere igualmente de todas pero especialmente Fuerza, Determinación, Agilidad, Equilibrio y Flexibilidad.

D- EJERCICIOS

1. Selecciona un problema que hayas tenido y sepas su solución y recorre los 7 pasos del método lógico-analítico y los 4 pasos del método intuitivo-visionario.
2. Selecciona un problema nuevo que tengas y esté en proceso de resolverse y recorre los 7 pasos del método lógico-analítico y los 4 pasos del método intuitivo-visionario.

E- PREGUNTAS

1- Lado derecho del cerebro
    a)- Intuición
    b)- Investigación
    c)- Razonamiento
    d)- Segmentación

2- Lado izquierdo del cerebro
    a)- Visión
    b)- Negociación
    c)- Análisis
    d)- Promoción

3- Resistencia tiene que ver más con
   a)- Investigar
   b)- Convocar y encender voluntades
   c)- Atacar por sorpresa
   d)- Llegar rápido

4- Solución de Problemas es
   a)- Resolver una situación que afecta negativamente sustituyéndola por otra que afecta positivamente
   b)- Pensar en qué puede ser
   c)- Sentir cómo te afecta
   d)- Investigar referencias alternas

5- Una buena solución de un problema requiere
   a)- Resolver la causa raíz y no los síntomas
   b)- Adaptarse a vivir con el problema
   c)- Pasarlo a otro
   d)- Dejar que lo solucione el tiempo

V.4- Realización Personal

"Que nunca te falte, un sueño por el cual luchar, un proyecto que realizar, algo que aprender, un lugar a donde ir y alguien en quien creer". Anónimo

"Siempre habrá lugar para ti, si ejecutas tus tareas con concentración en lo que haces, sinceridad y honestidad. Sé siempre útil, sin importar el lugar donde trabajas o las tareas que realizas. Esfuérzate siempre por hacer lo mejor, piensa en forma creativa y sé eficiente en los recursos que utilizas. Crea algo en tu mente todos los días y no permitas que el poder de tu mente se estanque. Comprobarás esta verdad: En tu mente yace todo el poder del mundo". Paramahansa Yogananda

A- DEFINICIÓN Y DESARROLLO

Es la habilidad para llevarte a realizar tu potencial, a ejecutar ciertas tareas, actividades, oficios o proyectos que te demandan un grado de esfuerzo tal, que lo valores y lo aprecies como valioso. Generalmente otras personas también te lo aprecian.

Tú como hijo, como estudiante, como deportista, como compañero, como hermano, como profesionista, como esposo, como padre, como jefe, como parte de un equipo, como profesional, como ciudadano, son posibles campos de Realización Personal según sea tu vocación. En los campos que te toca y decides jugar, existe una responsabilidad de hacerlo bien, de contribuir al bien de los demás, de multiplicar tus talentos para realizarte. No estás obligado a hacer lo que te dicen necesariamente, sino a distinguir entre lo más indispensable y mínimo para no estorbar y lo más excelso para contribuir a mejorar a ti y a los demás, en ese campo de juego.

COMO HACERLO

Al menos estás obligado a no estorbar en cada campo que te toca y decides jugar. De aquí en adelante a contribuir para hacer tu vida y la de los demás más valiosas. Y en el campo que sea tu pasión, tu vocación, tienes la gran oportunidad de tu vida, de ser muy productivo contribuyendo a mejorar el mundo y su gente con tu ejemplo y dedicación, a dar valor que tú eres capaz de adquirir.

Intervienen muchos factores para tu Realización Personal, si quieres medirlo cuantitativamente, como el desempeño, los resultados, los cambios habidos, el esfuerzo, la pasión, la vocación, la moda en ese tiempo, el grado de evolución social de ese tiempo etc, pero lo que importa es ¿Cómo te sientes tú con tu vida y tus resultados?. Dos son los principales sentimientos: 1- El tuyo mismo, cómo te sientes con lo que has hecho, aprendido, evolucionado y madurado y 2- A quiénes has tocado en tu vida, tu empresa, tus compañeros, tus hijos, tus padres etc: En qué les has contribuido, a su vida.

Existe siempre una gran conexión entre tu bien y el bien conseguido para otros.

"El que no vive para servir, no sirve para vivir", se aplica aquí, con buena exactitud.

No es posible mejorarse a sí mismo sin que esto tenga una mejoría, en alguien más. No nos podemos mejorar aisladamente.

No se trata de hacer solo lo que te gusta, sobre todo si lo que te gusta no es provechoso, sino más se trata, de que te guste lo que haces y que lo que haces tenga una correspondencia con tu potencial, de crear más luz, más vida, más esperanza, más emociones positivas para tí mismo y para los demás.

Discernir prioridades según importancia y trascendencia, tener paciencia para atender primero lo importante y tener la disciplina de aplicar un método con persistencia son características de una persona, que consigue Realización Personal.

Darte cuenta de que tu misión y tu rol son diferentes a los de los demás y por ello enfocarte a descubrir tu propio rol, tu propia misión, te permite enfocar tu energía y lograr una Realización Personal. Son 2 pasos, 1- identificar tu misión, vocación, oficio, objetivo y 2- ejecutarlos con dedicación, honestidad, disciplina y devoción.

OBJETIVOS

El primer paso es llegar a internalizar un Objetivo, una Intención, un Propósito que te de el rumbo, que selecciones dentro de tu propia libertad, pues en esta vida tan corta no se puede hacer, todo lo que desees. Hay que escoger. Estás limitado por el tiempo de vida.

Hay objetivos muy ambiciosos y globales y hay objetivos muy humildes, concretos y locales. Ambos tienen el potencial de producir trascendencia y realización personal. Es cuestión de la internalización que hagas y tu dedicación a obtenerlo. La vida misma te va abriendo paso, relacionando eventos y personas según tu objetivo, tu intención, tu pasión. Hay algunos que llevan toda una vida realizarlos y hay otros que los realizas y la vida te va diciendo que te toca emprender otros nuevos. En ambos casos vas escalando en la vida. Vas creciendo junto con tus realizaciones, tus talentos crecen, tus reservas aumentan, tu potencial se expande mientras vas consiguiendo experiencias valiosas en pos de un objetivo, una misión y una intención.

El primer paso de internalizar tu Objetivo, es original y creativo, pero para que se pueda realizar, requiere de un segundo paso, de la ejecución, que cuesta mucho, pero que provee a tu sistema emocional, grandes satisfacciones, no por conseguir medallas o logros que reconocen otras personas, sino sobre todo por el proceso mismo contigo mismo, trabajo bien hecho que tú lo sabes y lo compartes íntimamente.

Algunos ejemplos de Objetivos, Misiones, Deseos, Intenciones, Propósitos:

Steve Jobs internalizó lo siguiente: "Cambiar la manera de comunicarnos, a un grado excepcional, usando la tecnología y las humanidades". Luego define excepcional (que sea sencillo, masivo, económico, elegante, útil). Experimentas la pasión de hacerlo decía Steve Jobs.

Ser el mejor basquetbolista. Luego define mejor (puntos anotados, asistencias, rebotes, robos de bola, tapones en conjunto, trabajo de equipo, campeonatos). Experimentas la pasión de hacerlo dice Michael Jordan.

Ser el mejor tenista. Luego define mejor (en todas las superficies, con un estilo de juego natural, etc). Experimentas la pasión de hacerlo dice Roger Federer.

Ser la mejor mamá de mis hijos (defines mejor para ti y lo acaricias en tu mente y lo disfrutas en tus acciones, con pasión).

Escribir un libro.

Ser un doctor con mucho prestigio. Salvando vidas.

Sacar adelante económica y culturalmente a mi familia.

Ser autosuficiente.

Tener un cuerpo saludable, ágil, fuerte y resistente. Falta decir el para qué. Esto es un medio solamente.

Tener hijos que sean ejemplo de educación, voluntad y entrega.

Ser una persona normal con actividades ordinarias y convertirlas en extraordinarias, por la vivencia natural y sobrenatural que hago de todas.

Estar satisfecho con mi oficio en cuanto a ser productivo, creando valor agregado y balancearlo con mis otros intereses de vida, Familia, Amigos y Viajes.

No tener objetivos que me neuroticen, e ir haciendo proyectos de alto valor, conforme se vayan presentando las oportunidades que yo sienta que me toca tomar.

Por otra parte hay otros Objetivos no recomendables pues no te llevan a tu realización de tu potencial.

Nunca tener objetivos ni proyectos
Vivir solo la vida que me de comodidad inmediata
Ser el más poderoso del planeta
Ser rico a como dé lugar
Ser famoso a como dé lugar
Usar mis recursos de inteligencia y materiales para mi beneficio personal y para sacar el mayor provecho de los demás

Cuando leas sobre Felicidad Conectiva en el capítulo de Felicidad, apreciarás como es que estos objetivos están en contra de tu felicidad.

EJECUCIÓN

En el capítulo anterior de Solución de problemas hay una parte que conecta con la Ejecución. Tiene que ver mucho con esta parte de Realización Personal que también es Ejecución en cuanto a llevar a cabo los Objetivos, mencionados en esta parte.

Sincronía entre mente, cuerpo y espíritu, sincronía entre creencias, intenciones, actitudes, comportamientos, habilidades y resultados; sincronía entre sentimiento, pensamiento, acción (voluntad) y resultado.

Casi siempre primero sientes, luego piensas, luego actúas y luego logras. Lo que piensas lo filtra tu sentir, para poder ser efectivo en lo que sigue. Si no hay sincronía entre lo que sientes y lo que piensas, la siguiente parte de la cadena se hace con confusión interna, con ineficiencia, con contradicciones.

Sin embargo es un proceso interactivo, a veces primero piensas y el filtro es tu sentir, para seguir adelante en el proceso.

Cuando no hay sincronía entre pensar y sentir, hay que revisar tus creencias e intenciones y con ello tus actitudes resultantes.

Agregar la parte humana al diseño de por sí, creativo de la Tierra y la Naturaleza.

Contemplar y aterrizar, planear y realizar, creer y crear, crear y lograr, pensar y actuar, decir y hacer, recibir y dar.

Músicos, pintores, artistas, empresarios, maestros, obreros, carpinteros, mecánicos, todos tienen la oportunidad de lograr Realizaciones Personales que transformen su propia vida y la de otros, en algo mejor. En eso consiste nuestra venida al mundo.

La Excelencia en la Realización incluye de por sí que además de ser útil sea ético. Meta de excelencia o meta alta por un lado y usando medios lícitos y un camino ético, son los componentes correctos para tener equilibrio emocional. No solo el resultado en sí es lo importante, sino que los medios usados y el proceso usado para obtener el resultado, sean sostenibles, no solo por razones materiales sino por razones éticas. Ver la Felicidad Conectiva en el capítulo de Felicidad.

Hay ejecuciones ligeras, (superficiales) y ejecuciones ejemplares. La ligera no transforma, la ejemplar te transforma a ti y a los demás.

Una ejecución ligera es hacerlo distraído con otros deseos, intenciones y objetivos y que generalmente los resultados no son superiores. Estos casos pueden darse por deficiencias en la selección del objetivo o deficiencias en la disciplina para la ejecución del objetivo.

La pasión es la que conecta el objetivo pensado y la ejecución y realización del objetivo. No solo te gusta pensar que sea, sino te gusta, el proceso para hacer que sea realidad. Ejemplo: No solo te gusta pensar que eres ingeniero, sino que te gusta estar realizando obras de ingeniería. Disfrutas el proceso igual o más que el pensarlo o igual o más que el resultado obtenido, o la medalla o reconocimiento.

Para conseguir una ejecución ejemplar requiere de intensidad (en el uso de energía), concentración y coordinación. Intensidad en la energía, que se despierta con la pasión, concentración en el objetivo (el blanco) teniendo la mente, el cuerpo y el espíritu claros y alineados con el objetivo y coordinación que significa, sincronización entre los elementos que juegan para conseguir el objetivo.

La *primera sincronización que se requiere es la intrapersonal*, que se logra con una sincronización entre mente, cuerpo y espíritu. Cuando tu emoción, tu intención y tu objetivo (el blanco) están alineados y en estrecho contacto, es cuando te pones en flujo, que significa que lograste conectar tus elementos humanos clave con los elementos materiales del objetivo o sea tu blanco o target.

Ejemplo: en basquetbol aprendí que primero encestas y luego tiras el balón. Es una manera de expresar lo clave de la comunicación contigo mismo, con tus recursos humanos propios (brazos, piernas, mente, vista, oídos, tacto, etc.) y con el blanco de manera primaria, fundamental. Eso es lo que asegura que encestes. Primero te conectas, tanto tu mente como tu cuerpo con el blanco y luego cuando tiras ya estás conectado y es lo único que te asegura que encestes. Te haces uno con el blanco, pero antes te haces uno con el balón.

Esto es válido también en trabajos no deportivos, no manuales. En la biografía de Steve Jobs vemos su concentración en lograr un diseño de producto, (sencillo, elegante, duradero, original, integrado, valioso, creativo, masivo). Lograr compaginar un diseño que cumpla con todos esos requisitos que la mente es capaz de concebir y llevarlos a la realidad, requiere de estar en flujo (intensidad, concentración y coordinación).

La *segunda sincronización se refiere a ti con otras personas* claves para lograr el objetivo, para logra dar en el blanco. Ver DECISIÓN / EJECUCIÓN en el capítulo de Solución de Problemas.

Existe de por sí, una conexión no material entre las personas. Pertenecemos en sí a un mundo interconectado. Ahora cuando se trata de personas allegadas y sobre todo de personas que trabajan en conjunto para un objetivo, entonces entramos a un mundo de coordinación que yo llamo mágico. Mágico porque es a través de una comunicación formal, pero lo más importante es que también hay una comunicación no material que es la que hace que sucedan muchas cosas mágicas. Se le ha llamado Sinergia, sincrodestiny y serendipity, pero al final de cuentas es comunicación no material entre diferentes personas. Comunicación en términos físicos pero no perceptibles, pero sí comprobables.

En basquetbol se da, cuando con los ojos cerrados, pasas el balón, a un compañero, con el que tienes cierta afinidad y lo recibe en el momento justo. No es mediante palabras que le dices en el momento, sino es, por interconexión física no perceptible. Es sincronización primero contigo mismo entre tus elementos corporales (brazos, piernas, etc.) y luego con el cuerpo de tu compañero en movimiento.

Esto también se da en el trabajo, cuando hay negociaciones entre socios y terceros o entre colegas y terceros. Hay afinidades que sobre todo se dan en las intenciones comunes de fondo que es lo que permite la comunicación mágica a la que me refiero.

También se da esta comunicación mágica con personas que no tienen la misma intención y que descubres su manera de proceder y actúas en sincronía con él pero para oponerse. Ejemplo cuando driblas a un contario en el futbol o cuando sobrepasas con un mejor argumento o servicio a tu contrario en el negocio.

Estar en flujo, es un concepto emocional. Significa estar concentrado de tal forma con tu objetivo que el flujo de energía que se requiere, para lograr ese objetivo, pasa por ti y usas esa energía, de manera eficiente, sustentable y óptima. Tu mente, tu espíritu y tu cuerpo, alineados con el proceso para lograr el objetivo. Tu técnica, tu disposición, tu conciencia y tu cuerpo (músculos, cerebro, órganos, células), están alineados para el objetivo. El deportista de alto rendimiento, el director de orquesta o el músico, el soldado en operaciones complejas, el cirujano en cirugías delicadas, el piloto en aterrizar la nave, son ejemplos de trabajos complejos corporal, mental y de conciencia alineada con un objetivo.

Es un trance parecido a cuando meditas y entras en grado avanzado de concentración, o sea de sincronía entre tus pensamientos, tus sentimientos y tu fisiología corporal.

Cuando el objetivo es de alto impacto en los demás y el proceso realizado a nivel de maestría, se dice que se requiere estar en flujo, estar en medio de ese flujo energético, que hace converger muchas cosas hacia el objetivo siendo tú el medio para unir, para atraer, para recoger y lanzar energías en un proceso armónico y deliberado.

Cuando se logra este nivel de conciencia se logran Realizaciones Personales de Excelencia, se logran momentos que decimos son eternos porque se recordarán siempre.

Cuando no hay Realización Personal, hay desequilibrio emocional, hay un malestar corporal o mental. ¿Para qué sirvo?

Si siento que no he servido para algo valioso, empiezo a echar culpas a los demás como medio de defensa personal, empiezo a compararme con los demás y sacar excusas, empiezo a proponer a los demás que sean como yo, para tener un buen consuelo, una justificación social. Me engaño a mí mismo y engaño a los demás temporalmente. Al final de la carrera, te das cuenta que no puedes engañarte a ti mismo y tampoco a los demás.

En las empresas, el 80 % de los conflictos de relaciones humanas son derivados de la falta de sensación (emoción) de estar siendo suficientemente útiles y capaces, en algo que sea valioso para sí mismo, para la familia y para los demás. Por ejemplo en un oficio. Esto tiene una incidencia emocional muy fuerte. Cuando no se hace un trabajo digno de confianza, digno de reconocimiento, se convierte en la causa principal de muchos otros conflictos que sí se manifiestan y queda oculta la verdadera causa.

Algunas empresas viendo este problema, lo atacan con mercadotecnia ligera y dan reconocimientos y medallas aunque no se tengan los méritos. Dan reconocimientos falsos. Pues más temprano que tarde se multiplican los conflictos emocionales. Esto quiere decir que la raíz está dentro de cada uno, además de que está en el reconocimiento de los demás, en aquellos aspectos que sean relevantes. Ambos tipos de reconocimiento son importantes, el interno y el externo y uno, no sustituye al otro, aunque me atrevo a decir que el interno, es más poderoso en cuanto al impacto en el sistema emocional de cada persona. El externo debe estar basado en la verdad sentida, no en las conveniencias sociales.

La manera en que puedes desarrollar tu Realización Personal es ponerte objetivos de vida, ponerte retos, primero soñar, luego aterrizar. Si solo lo platicas es un sueño, si lo visionas y lo sientes, es posible, si haces un plan y lo cumples sucede en la realidad.

Un ejemplo de esta dimensión de la inteligencia emocional es la de Steve Jobs. Creatividad, intensidad de energía personal aplicada a su objetivo y plan de trabajo dedicado.

No vaciles. Para ser experto en algo y no andar a medias siempre en todo, hay una regla sencillita para empezar: Si no le has metido al menos 10,000 horas efectivas, a lo que dices que te gusta, o a lo que dices que eres bueno, seguramente eres mediocre; te falta mucho, para ser ejemplar, para ser confiable y creíble.

La manera en que no desarrollas tu Realización Personal es esperar que las cosas te caigan del cielo. Esperar, soñar y soñar sin conectar con la realidad. Esperar a que te digan qué hay que hacer y luego echar culpas porque solo hiciste lo que te dijeron y no salió.

CONTROL Y RETROALIMENTACIÓN DE LA EJECUCIÓN

Ninguna ejecución es 100 % perfecta e impecable. Mejorar es parte del juego siempre. Corregir fallas y desviaciones y ampliar posibilidades de influencia dejan siempre espacio para mejorar y crecer.

B- PERFIL HUMAN SIDE

El comportamiento de una realización personal puede ser muy activo o más pasivo dependiendo de la vocación y de los valores de la persona. Hay vocaciones de alto valor que muestran al exterior un comportamiento pasivo, Ejemplo Ghandi, Buda.

Sin embargo en estos casos también la energía personal para aguantar tanto desgaste, tanto ataque recibido, tanto sufrimiento, requiere de un comportamiento activo al menos hacia adentro de la persona, un comportamiento de alta intensidad de energía y que en estos casos es muy alta pero muy controlada. Alta Resistencia.

Esa alta energía se nota mucho en el Estilo Human Side en el Drive, en la Constancia en la ejecución, en la promoción entusiasta de sus ideas Influyendo a los demás y en la exigencia de la Calidad en el trato y en los resultados buscados.

Generalmente, la realización Personal requiere de cambiar ciertos aspectos recibidos o heredados, transformarlos y entregar algo que sea motivo de orgullo personal y de satisfacción por agregar valor. Es como la parábola de los denarios, que se entregaron para ser multiplicados, como el talento.

Esta Transformación requiere de energía personal para realizar, requiere de tener éxito en esa realización.

C- HABILIDADES NATURALES

Tenemos ahora cierta Fuerza, Resistencia, Agilidad, Flexibilidad, Equilibrio y Determinación. ¿Ya estás satisfecho con ellas a como están ahora, o quieres crecer en ellas?

Algunas actividades demandan de más Fuerza que otras, de más Equilibro que otras, de más Resistencia que otras. ¿Tu actividad u oficio qué te demanda?.

La clave está en que la actividad u oficio que escojas, tenga requerimientos parecidos a los que tú puedes desplegar. Más bien que puedas con la parte básica y que la parte alta, tengas que esforzarte por lograrla, adquiriendo nuevas habilidades para poder lograrlo, con una cierta curva de aprendizaje.

El perfil Human Side te dice por donde fluyen tus energías más directamente, más fácilmente y por donde te cuesta más fluir.

Velocidad o Precisión o las 2 bien administradas. Fuerza o Flexibilidad, o las 2 bien administradas. Avance rápido o Control o ambas bien administradas. Promoción o Reflexión o ambas bien dosificadas. Depende de la etapa y evolución del avance, depende del ciclo en que vas.

D- EJERCICIOS

1- Menciona tus principales realizaciones personales que hasta la fecha has tenido

2- Califica estas realizaciones personales en cuanto al grado de Excelencia alcanzado según tu definición de excelencia

3- Menciona tus 3 logros más importantes en tu oficio o trabajo.

4- Menciona tus 3 logros más importantes en tus estudios.

5- Menciona tus 3 logros más importantes en tus investigaciones, descubrimientos, o hallazgos en tu vida.

6- Menciona tus 3 logros más importantes como hijo(a).

7- Menciona tus 3 logros más importantes como esposo(a)

8- Menciona tus 3 logros más importantes como padre(madre).

9- Menciona tus 3 logros más importantes como amigo(a).

10- Menciona tus 3 logros más importantes como ciudadano(a)

E- PREGUNTAS

1- Realización Personal es:
a)- Hacer lo que se te venga en gana
b)- Hacer lo que te digan tus superiores aunque no te salga bien
c)- Hacer bien lo que haces
d)- Hacer solo lo que te da placer

2- Objetivo para tu realización es:
   a)- Un plan completo a seguir
   b)- La primera parte del plan
   c)- Ser realista
   d)- Ser cuadrado en tu vida

3- Ejecución para tu realización es:
   a)- Tener un programa, un plan
   b)- Es el momento de que tú realizas la acción
   c)- Estar bien entrenado
   d)- Soñar como hacerle

4- Estar en flujo es:
   a)- Sincronía entre mente, cuerpo, espíritu, objetivo y resultado; Ser uno solo.
   b)- Tener mucha velocidad
   c)- Tener mucha flexibilidad
   d)- Nadar contra corriente

5- Hay que premiar los Resultados de la siguiente forma para aumentar la realización personal:
   a)- Dar muchos premios a todos para que todos estén contentos
   b)- Premiar la excelencia para que sirva de ejemplo a los demás
   c)- No dar premios a nadie, no se necesita
   d)- Hacerlo dando dinero pues es lo más valioso como ejemplo a seguir

VI- MANEJO DEL ESTRÉS

Este tema se aborda desde 2 habilidades complementarias:

Tolerancia a la Presión y

Control de Impulsos

VI.1- Tolerancia a la Presión

Lo que nos permite vivir es, nuestra capacidad de adaptación, para navegar dentro de situaciones estresantes.

A- DEFINICIÓN Y DESARROLLO

Las actividades de alta productividad, de alta responsabilidad y de alto riesgo generalmente vienen acompañadas de presión, de estrés. Algunas personas traen más resistencia o tolerancia a la presión, que otras, debido a sus comportamientos naturales adquiridos genéticamente y aprendidos desde niños (que se muestran claramente en el perfil Human Side), pero todos, estamos sujetos, a estas presiones y a sentirlo en nuestro cuerpo y en nuestro sistema emocional.

El tiempo limitado, es un factor que produce estrés. Muchas cosas se pueden hacer, pero cuando se pone un límite de tiempo para realizarlas, se aumenta el estrés, porque se cuestiona la posibilidad de lograrlo.

Un adecuado nivel de estrés debidamente manejado, es indispensable para emprender tareas complejas, de alta responsabilidad, de alta productividad y de riesgos. El control del estrés, es el que te permite navegar en situaciones de presión, con éxito.

No se trata de huir de toda situación estresante, porque no solo dejas de hacer lo que te corresponde muchas veces, sino que la huida de responsabilidad de una tarea, te deteriora tu propia imagen frente a ti mismo y frente a los demás. Más importante frente a ti mismo.

De hecho en muchos trabajos, el nivel de confort es muy alto y perjudicial para la empresa y para el país.

En muchos casos, el nivel de reto es muy bajo o lo que es peor, el nivel de reto a nivel palabras y discurso es muy alto, pero a nivel realidad, a nivel compromiso, es muy bajo (existe doble discurso) cuando no se cumple la promesa, cuando no se cumple lo que se dice, aceptando en la cultura, excusas de todo tipo.

Cuando el nivel de confort es alto, te acercas a la ociosidad, que te deteriora tus facultades y tus talentos. Termina traicionándote y creándote tensión en actividades menores, inocuas, lo que es peor que una tensión identificada con un reto productivo de alto nivel. Si te falla tu nivel de Resistencia en niveles altos, bajas algo el nivel y sigues teniendo, actividades productivas. Si te falla tu nivel de Resistencia en actividades comunes y corrientes ya no tienes más abajo, ya es el piso, ya no puedes cambiar a actividades de menor presión y solo te resta la ociosidad, que también presiona tu ser, con la autocrítica y el malestar interior.

Para que exista un sano equilibrio, para un buen nivel de productividad y responsabilidad, se requiere salir o no estar en un nivel de confort, rutinizante y muy probablemente enajenante.

Baja intensidad de reto, de exigencia y baja capacidad de Resistencia a la tensión, son causas de la improductividad y muchas veces también de infelicidad.

Alta intensidad de reto, alta intensidad de exigencia bien encauzada a objetivos de bien común y alta capacidad de Resistencia a la tensión, son causa de alta productividad y alto crecimiento emocional, cuando hay un adecuado acondicionamiento para el manejo de la tensión.

Tu misión en la vida, exige actos heroicos y eso te da felicidad. Si huyes de tu misión por evitar tensión emocional, terminas siendo infeliz, no solo poco productivo o improductivo, sino infeliz.

Cuando te toca dirigir gente, el liderazgo juega un papel fundamental. Si el líder solo espera resultados y que la tensión esté debajo de él y no en él, la organización se deteriora. Si el líder es ejemplo en hacer su papel de ejecución tomando el reto y administrando la tensión, con inteligencia emocional, la organización crece enormemente en sus capacidades.

Escoger gente con buenas actitudes y capacidad de Resistencia es fundamental, pero también desarrollar capacidades de Resistencia es igualmente fundamental.

De qué sirve que la persona sea inteligente racionalmente y que tenga habilidades aprendidas en el aula, si a la hora de la ejecución y de la práctica, su Resistencia, su Tolerancia a la tensión y a la frustración, lo paralizan.

Tolerancia a la Presión o capacidad para controlar el estrés, es la habilidad para enfrentar situaciones que ocasionan tensión emocional y poder evitar que se conviertan en un daño para la salud.

Para lograrlo se requiere de un proceso integral que empieza desde, lo que son ciertas creencias e intenciones, luego conectar con tus actitudes, asimilación de lo que te pasa, solución de problemas, realización de comportamientos y acciones deliberados, mediante una conexión con un objetivo claro y una identificación con tu cuerpo, mente y alma, en flujo continuo y natural, con los eventos estresantes, enfrentándolos y manejándolos:

Creencias:

1- Creer que la preocupación exagerada por un evento, no te ayuda de nada, sino al contario te puede causar más problema, más inquietud, más tensión innecesaria.
2- Creer que los obstáculos, los golpes de la vida, son medios que pueden ser muy útiles para superarlos y beneficiarte.
3- Creer que a veces la mala suerte de un evento desfavorable se puede convertir en la buena suerte a futuro, de algo que te dará la vida.

   Las tres creencias anteriores las volveremos a recordar cuando hablemos de un estado optimista.

4- Creer que lo que te pasa en contra, no es algo que recibes por razones personales. Ver Los 4 Acuerdos de Miguel Ruiz.
5- Creer que si te pasa es por algo, es porque de alguna manera te corresponde, porque de alguna manera tú lo atrajiste.
6- Creer que eres mortal y te corresponde que te pasen algunas cosas aparentemente negativas, para que emprendas un mayor desarrollo de tu capacidad de

Resistencia y tolerancia a la frustración. Nunca viene del todo mal.

Las tres creencias anteriores corresponden a una inteligencia emocional pero también espiritual.

Intenciones:

7- Quieres progresar y crecer personalmente y junto con los que te rodean, a pesar de las dificultades.

8- Quieres vivir la vida a como viene, aprender de ella y entonces fijar nuevos rumbos y derroteros que te hacen falta. Si ya no hay queso en ese lugar es señal de que hay que moverse a donde creas que sí hay queso. Estimula la Autodeterminación.

9- Quieres hacerlo como parte de tu rol que te toca, más que por un orgullo de tu gran ego. La actitud de humildad (lado A), le gana a la actitud de orgullo (lado Z) en el manejo de la presión y en todo.

Navegar en el proceso de la dificultad estresante:

10- Sentir lo que te está pasando aunque sea negativo. Sentirlo y a solas o puede ser acompañado en un lugar propio, íntimo, expresarlo, llorar o gritar si es necesario.

11- Sentir que pasas a otro nivel de emoción cuando lo enfrentas. Sentir que lo asimilas, que lo que no te mata te fortalece, que golpes los puedes recibir dándote cuenta que sus efectos son menores, que lo que tu mente te hacía imaginar morbosamente.

12- Tomar el carril de la resistencia, de la solución paulatina, con paciencia ir viendo la solución, aplicando lo aprendido en el capítulo de Solución de Problemas. Tu cuerpo está diseñado para este camino. Tu cuerpo sufre mucho más cuando tomas el camino contrario, el de la desesperanza, de no hacer nada, de quejarte, de sentirte víctima y perder tu tiempo echando culpas. Tu cuerpo lo denota a gritos.

Hay personas que de manera natural ya vienen con una alta Resistencia a la presión, de hecho lo verás en el perfil de comportamientos Human Side, mientras otros vienen con la piel más delgada, para resistir golpes.

Las enfermedades producto del estrés, provienen de tomar el camino contario a lo aquí comentado, la ansiedad de resolver las cosas antes de tiempo (el sol no se adelanta por despertarse más temprano), la ansiedad de que se resuelvan solos los problemas e inmediatamente, la ansiedad de que los resuelvan otros, porque tú así lo ordenas, la ansiedad de creerse omnipotente para sentirse no merecedor de ningún golpe.

La emoción del estrés, viene históricamente desde nuestra evolución animal, donde el cuerpo se llenaba de energía (adrenalina), para "pelear o correr" ante un peligro físico inminente. Decidir además si pelear o correr, rápidamente bajo estrés. Físicamente el cuerpo se llena de energía para responder.

Cuando circunscribes la presión a algo físico, como por ejemplo, en un deporte o en una lucha deportiva, hay una manera de conducir esa energía y de evitar que se te convierta en un problema emocional. La repetición y dominio del golpe que recibes y el acondicionamiento para ello, hace que no te involucres sentimentalmente en esa presión, ejemplo, tu contrincante boxeador te va a pegar, no tienes por qué sentirte con él, ni él contigo. Es parte del deporte y aprendes a reducir el riesgo conscientemente. Tu sistema emocional no agranda el problema por sentimentalismo, porque no dejas que esto suceda, gracias a tus creencias e intenciones bien manejadas.

Todavía tenemos necesidad de aprender bien a manejar estas presiones físicas. Cuando vamos conduciendo un auto y hay un peligro, reaccionar apropiadamente, por ejemplo, primero físicamente, con una maniobra adecuada. En este sentido nuestro sistema emocional que incide directamente sobre nuestras fuerzas físicas sigue siendo muy bueno tenerlo, cuando lo tenemos desconectado con el sentimentalismo, que puede ocasionarnos daños emocionales.

Cuando la presión no proviene de golpes físicos con soluciones de respuestas físicas o deportivas, sino que viene de golpes emocionales por ejemplo de pérdidas de seres queridos, de un bien, de un trabajo, de atributos del ego, etc., hay 2 maneras secuenciales de atenderla inteligentemente:

1- Asimilando la situación, la presión y
2- Respondiendo inteligentemente a esa situación estresante.

El proceso 1 es reactivo, es reflexión, es auto convencimiento y se resuelve con los primeros 10 pasos, mencionados en "Creencias, Intenciones y Maneras de Navegar" el problema o conflicto.

El proceso 2 es proactivo, responsable, voluntario y se resuelve con los pasos 11 y 12 mencionados en las "Maneras de Navegar" el obstáculo, problema o conflicto y su solución.

El cuerpo se llena de energía y se concentra en la solución de la adversidad cuando te vas por este camino y desperdicias tu energía, se salpica, se pierde, cuando te vas por el camino de seguir el impulso emocional primitivo, echando culpas o sintiéndote inmerecedor de la presión.

Concentrar tu energía saludable y acrecentarla contra dispersar tu energía disponible y acabarla.

Abrazar una presión voluntariamente contra huir de una presión irresponsablemente.

Veamos una evolución práctica del estrés:

Tengo demasiada carga por varios días y sigue y sigue la presión. Eso causa estrés. Ya no puedo resistir más. O me salgo o trueno. Efectivamente en esas circunstancias si no sales, truenas.

Tronar significa que tu cuerpo se enferma por algún lado y te obliga a salir. Empiezas con dolor en el cuello, sigues con dolores de cabeza, pierdes defensas, pierdes concentración, estás propenso a cometer errores y los errores te alimentan más la presión.

Si sigue esta cadena entras en estados más desfavorables, de tal manera que tu mismo cuerpo se encarga de desconectarte de la presión ocasionando una debilidad. Una depresión primero ligera, luego aumenta y luego te incapacita. Ya cuando estás en esta etapa ya de poco sirve saber cuál fue el problema o problemas que te causaron esta debilidad grave. Lo que importa en esta etapa es solucionar tu debilidad grave, para restaurar tu salud.

Reflexionando, puedes observar que hay 2 tipos de solución para enfrentar esta crisis:

1- Reactiva cuando ya estás en las etapas desfavorables que te ocasionan un problema físico.
2- Preventiva para que no te vuelva a ocurrir.

La primera solución, que es reactiva, requiere de cambiar tu manera de pensar y de hacer las cosas, en las etapas iniciales y por supuesto que de ayuda médica en las etapas avanzadas.

Cambiar tu manera de pensar y de hacer las cosas:
Tu cuerpo te está avisando que ya le duele. Ya es aviso a ti, para no prolongar el dolor a puntos críticos.
Reorganizarte para hacer lo que estás haciendo de otra manera. Que puedas seguir siendo contributorio, que no que te vayas a convertir en lastre por tu impedimento físico o incapacidad. Nada hay más caro en cuanto a recursos, que los que no existen y si no te cuidas tu recurso humano de trabajo desaparece, por tus impedimentos.

Reconocer tus limitaciones. Escribirlas y reflexionarlas sin echar culpas a otros. No es tu rol cambiar a los demás, sino conducirlos como ahora son.

Medir mejor el trabajo que se requiere y hacerte de apoyos valiosos.

Dividir las etapas para lograr resultados y reenfocarte.

Encontrar el ritmo que sí puedes conservar y conseguir que generalmente es bajando tu velocidad y puedes llegar más lejos.

Redimensionar el tiempo pues a veces más vale tarde que nunca.
Renegociar con confiabilidad.

El segundo que es preventivo es el que te permite ver hacia adelante y reorganizar tus fuerzas.

Si ya tuviste antes un problema fuerte de estrés ya sabes por dónde empiezas a sentirlo y ya sabes tus límites. Si has llegado a etapas avanzadas de fatiga mental aguda o "surmenage", ya sabes cómo se presenta. Primero cansancio, luego falta de concentración, falta de velocidad para entender y luego depresión que te desconecta. Otras personas sufren desmayos.

Reflexiona sobre esta evolución y vete a ti mismo en cada etapa y observa tus límites.

Si no has llegado a etapas agudas, entonces créelas y repásalas teóricamente imaginándolas o aprendiendo en carne ajena, o sea con personas que les haya pasado. Aprende.

Ahora estás en el punto de que conoces con tu mente y tu cuerpo lo que te pasa. Lo que sigue es desarrollar tus puntos de control y tus soluciones a tu estrés en etapas iniciales.

Primera señal o dolor. Musculatura de tu cuello y espalda alta.

Ya debes actuar, bajando tu velocidad o cambiando el ritmo, o reorganizar la carga, que ocasiona el estrés.

Ya debes tener y ejercitar vías alternas de recuperación de tu energía para evitar que tus reservas se agoten cuando menos esperas.

Dormir más. Caminar al aire libre con oxígeno limpio. Encontrar lo que a ti te sirve para desestresarte y asegurarte que te desestrezas, o sea que no sean paliativos inútiles de moda.

Finalmente lo más importante: reforzarte, adquirir más fuerzas para aguantar un poco más.

Meditación, yoga, entender a tu "true self", ejercicios armónicos y equilibrados, son medios de aumentar tus reservas de energía. La manera de demostrarte a ti mismo que te aumentan tus reservas es cuando notas que tu concentración en problemas y soluciones y tu contribución aumenta, o sea, lo notas en tu productividad. Mide tu productividad, no solo para ver tus resultados sino para ver tu estado físico, mental y de manejo de energía productiva personal.

B- CAPACIDAD DE RESISTENCIA PARA MANEJO DEL ESTRÉS

Para desarrollar tu capacidad de Resistencia, existen algunos enemigos y algunos facilitadores:

A1- Enemigos del control del estrés y de tu Capacidad de Resistencia:

Los peores enemigos del control del estrés son: alimentar tus temores permanentes, no conocer tus limitaciones físicas, no ser realista, importarte el qué dirán, más que lo que tú realmente requieres, sentir gran culpa, ser pesimista.

Creencias que te limitan tu potencial y tu crecimiento emocional:
Menospreciarte. No se puede, nunca he podido, ni podré. Estoy negado. (cuando se trata de actividades comunes y corrientes)
Así nací y así moriré.
No sabía que me podía pasar a mí, se quita solo.
No sé qué siento, mejor ni me fijo, ni pienso.
No sé nada ni quiero saber.
No me pasa nada, no siento nada.
No quiero que sepan que tengo esto, si lo saben me angustio.
Me toca sufrir, me lo merezco.

Es castigo de Dios.
No tengo futuro.

Lo anterior te encierra en un círculo vicioso, te cicla, te auto limita, te hace ver para abajo y para atrás. Anidar en tu mente el NO, te enferma, te pone fuera de circulación por auto dirección equivocada, que te das a ti mismo por ti mismo, es un autogol.

A2- Facilitadores en la solución del estrés y de tu crecimiento emocional:

Para resolver la tensión y sus negativas consecuencias, hay que salir de tu perspectiva actual.

a)- Lo que me pasa, es lo que me toca que me pase, Bendícelo.

Ver lo que me pasa como algo normal, por lo que tengo que pasar y aprender algo que tengo que descubrir, para superarlo y acercarme a mi felicidad:

Acepta la realidad y aprovecha lo que te dice esa realidad, sin exagerarla y sin evitarla, pues tú puedes lidiar con ella. Gracias por darme cuenta físicamente de que ya traía un mal hábito, que me ocasionó esta tensión y presión, de mis incorrectas creencias que me metieron en esto, voy aprender, qué tengo que hacer y pensar para salir de este camino y reemprender otro, algo o muy diferente. Vine al mundo para luchar, para encontrar el camino que existe para mí y que es de felicidad.

b)- Un gran proyecto empieza con un pequeño paso.

Ese es el que voy a dar ahora y nada más. Luego otro paso y así irme paso por paso. Concentrarme en el presente:

Voy a concentrarme en el presente para ver la luz. Un camino largo se empieza con un primer paso, ese es el que voy a dar ahorita, nada más. Esto te resuelve la ansiedad. Uno de los 4 Acuerdos de Miguel Ruiz es trabajar a tu máximo esfuerzo, solamente, no más, pero tampoco menos. Mi máximo esfuerzo es hacer bien cada pequeño paso.

c)- Entra en flujo, navega el presente, con solo lo prioritario.

Olvidar, dejar de pensar, en temas fuera de lo importante, del momento actual, de mi ritmo normal para ejecutar.
O sea, alejar de tu mente los temas como el qué dirán otros de mí, el resultado final que me presiona, lo malo o lo bueno de la premiación.
Lo importante ahora es tener el ritmo que me da coordinación entre mente, cuerpo y objetivo inmediato. Objetivo inmediato en caso de tensión es sobrevivir. Encuentra y navega dentro del flujo de energía que te corresponde y cuélate por allí. Surfea la ola y encuentra la parte del océano en calma.

d)- Lo hermoso de la esperanza, de un futuro alentador.

Vale la pena, lo que me espera, si Resisto. No hay nada más real que disfrutar de estar bien, después, como otras veces he estado.
Yo voy a salir adelante porque me veo otra vez en mi trabajo, en mi familia, saludable otra vez, en mi proyecto "x" o "y", pero con una nueva manera de hacer las cosas, enfocado más en el presente, con mayor paciencia, con mayor Resistencia ante dificultades. El camino nuevo poco a poco, se me va a ir revelando. Para verlo necesitas aceptar la dificultad, no para que te abata sino para que cambies de enfoque.

No hay que morirse, sino hasta que te mueras, ni un segundo antes.

(Algunas personas mueren de pánico sin haber tenido la necesidad de morirse, mueren antes de tiempo).

e)- Conocerte cada vez mejor.

Conocer en cada momento tu nivel de energía y restablecer el nivel cuando haya una baja considerable. Conocerte a ti mismo, sentir tus fuerzas, tus debilidades, tus pequeños dolores o sensaciones internas de tu cuerpo, las que son musculares diversas, óseas, nerviosas. Tener siempre en mente tus maneras de recargar baterías. Reposo, meditación, caminar al aire libre, deporte, etc.:

f)- No tomar decisiones de negocios o trabajo, o muy trascendentes cuando estás bajo el intenso estrés.

Solo toma decisiones de cuidarte, para recargar baterías antes de seguir en el campo de juego. Decisiones importantes de negocio, de familia o de proyectos trascendentes, complejos, hay que tomarlos con la cabeza fría y cuando estás bajo estrés tienes la cabeza caliente. No te comprometas a futuro, cuando estás bajo intenso estrés.

g)- Administra bien tus balas de plata de energía extraordinaria.

En el caso de algunos deportistas extremos como escaladores de los picos de 8,000 metros, maratonistas, triatletas, pentatletas, etc., se conocen tan bien, bajo presión y bajo estrés que saben que tienen un segundo y a veces hasta un tercer aire de energía en casos extremos de agotamiento. Ellos sí saben que son segundos y terceros aires cuando estás muy agotado pero que son balas de plata que son escasas y que su efecto no es muy largo, es corto. Ellos pueden administrar esas balas de plata, en momentos que se requieren, pero que saben que son puntuales.

Este es manejar un "edge competitivo", en Resistencia, muy delicado y peligroso.

h)- Reacondiciónate cuando ya salgas de la crisis.

Prepárate para tener más energía desde ahora con acondicionamiento:

Ponte en forma para aumentar tus capacidades de Fuerza, Resistencia, Agilidad, Flexibilidad, Autodeterminación y Equilibrio. Un programa de condicionamiento, tanto físico, como mental, emocional para elevar tu nivel de energía disponible. Desarrolla un poco más de Resistencia. Voy a darme tiempo de restaurar mis fuerzas, tener reservas de energía, las voy a sentir y cuando se me vayan bajando me voy a dar cuenta y con tiempo las restablezco.

Lo anterior te hace ver para adentro, para el momento actual, a tu alrededor realistamente y para adelante.

Este libro con este programa general aquí esbozado, genera a su vez programas específicos de acondicionamiento físico, mental, emocional para cada persona según su perfil Human Side y HSEI y según su oficio y objetivos a perseguir en las siguientes etapas de la vida.

C- PERFIL HUMAN SIDE

Un comportamiento claro de incapacidad para manejo de stress, es cuando hay una autopresión, que te evita actuar fluidamente, con libertad y confianza en ti mismo. Cuando percibes estar en conflicto, cuando percibes que el conflicto te gana, te congela, te inmoviliza.

En el perfil Human Side DISC, sucede cuando los cuatro puntos están por encima del 50 o cuando los cuatro puntos están por debajo del 50. Ese último caso es más crítico, porque no hay suficiente energía interior para enfrentar los conflictos.

Un comportamiento claro de capacidad para manejar el stress se da en dos tipos de comportamiento:

1- Con mucho Empuje, inteligencia analítica y visionaria e intuitiva para manejar con estrategia y multipolaridad los conflictos, además de buena inteligencia emocional y valores.

   En este caso ellos hablan de que son guerreros y que la incertidumbre, la controversia, la adversidad son sus amigos para poder desarrollarse, pues lo que no te mata te fortalece y es la vida normal, afrontar retos y encontrar soluciones que siempre están a tu alcance cuando tus objetivos son rectos y estás abierto para recibir ayuda.

   Comportamiento tipo de un águila.

   Ve el bosque y la salida, los problemas se ven más pequeños desde las alturas.

2- Con mucho Empuje y con mucha alta constancia y perseverancia para que con paciencia enfrentes cualquier problema, paso por paso, pero seguro.

   Comportamiento de un equipo pesado por ejemplo un tractor.

   Ver cada detalle y es capaz de irlo cambiando detalle por detalle hasta con perseverancia transformar lo que sea necesario.

D- HABILIDADES NATURALES

La habilidad natural por excelencia en los campeones en el manejo de estrés es la Resistencia. Los alpinistas que han subido al Everest comentan que aún después de estar al mínimo de sus fuerzas, existe un impulso divino cuando estás en armonía.

Es un claro ejemplo de que la mente no es la mandamás en todo, pues en este caso, las fuerzas surgen del espíritu y provienen de fuera de la mente, de fuera de ti mismo.

Esto también quiere decir que la autodeterminación cuando se hace en consonancia con la naturaleza, hay una sinergia que te fortalece. No es la mente la que te soluciona los obstáculos, es tu comunicación espiritual con el blanco, con la meta.

E- EJERCICIOS

1- Haz una lista de tus mayores preocupaciones que te tensan
2- Haz una lista de casos concretos que te han ocurrido y te han desgastado mucho.
3- Toma un caso concreto y navégalo de vuelta, ahora en retrospectiva.
4- Aplica en ese caso, alguna de las enseñanzas y metodologías de este capítulo que te haya llamado más la atención.
5- Toma ahora una preocupación y haz lo mismo que hiciste con el caso concreto, pero usando alguna otra de las metodologías de este capítulo.
6- Ve en tu perfil Human Side cuáles características apuntan a perder tu estabilidad ante la presión; Ve tu estilo natural, ve los grados de cambio con tu Estilo Proyectado.

F- PREGUNTAS

1- El estrés es:
a)- Una tensión interna que se produce por una preocupación

b)- Un resorte para reaccionar

c)- Un sobresalto que es temporal

d)- Un esfuerzo voluntario

2- Algunas Creencias que alivian el estrés, son

a)- Tengo que dar lo máximo de mí, para quedar bien

b)- No quiero, no me gusta, pero sí puedo

c)- Solo un pequeño paso natural, concentrado y en manos de Dios

d)- Ya no más

3- Algunas Creencias que ocasionan más estrés, son (escoge 2)

a)- No puedo

b)- No me toca

c)- Me toca hacerlo y si lo hago ahora, es mejor que mañana

d)- Lo voy a disfrutar

4- Estar en flujo es (escoge 2)

a)- Hacerse uno con el objetivo y los medios a usar

b)- Evaporarse mentalmente

c)- Te sale en automático la acción correcta

d)-Perturbarse mentalmente

5- Estar en flujo es (escoge 2)

a)- Estar bien coordinado mente, cuerpo y espíritu neutralizando al ego, mentalmente

b)- Concentrándote en el objetivo con una emoción positiva y una intención sana

c)- Aprender la técnica y olvidarse de la intuición

d)- Fijándote en el resultado más que en la acción inmediata

VI.2- Control de Impulsos

Esta es una característica de las básicas, de una persona, que tiene y muestra, buena inteligencia emocional.

A- INTRODUCCION AL CONTROL EMOCIONAL

No perder los estribos ante un problema, no ahogarse en un vaso de agua, no enojarse de cualquier cosa.

Sin esta característica no se puede convencer, que tienes inteligencia emocional.

Alguien que se enoja rápidamente, que se muestra alterado ante una situación emproblemada, es alguien al que se dice comúnmente, que no tiene inteligencia emocional.

Hay 4 características notorias y comunes para denotar alta inteligencia emocional:

1- No perder los estribos.
2- Tener respeto y empatía con todos los demás y sobre todo con los más débiles. No únicamente con los todopoderosos.
3- Tener energía para lograr concentrarse en algo, a pesar de las distracciones externas.
4- Tener energía y contagiar positivamente a los demás, en proyectos constructivos.

Algunos llaman a la falta de estas características: defectos del carácter. Ciertamente son debilidades humanas.

Los nombres que se dan comúnmente, cuando sí se tiene esta característica de control interior, son virtudes, fortalezas humanas, disciplina, dones, gracias, buena educación, buena cuna, nobleza de espíritu, valores.

La 1 es la que vamos a ver en este capítulo. La 2 la vimos en el capítulo sobre Empatía. La 3 en Objetividad, Flexibilidad, Solución de Problemas y Realización Personal y la 4 en Auto concepto y Liderazgo.

El extremo del lado negativo del control de impulsos es la ira y el odio. El extremo del lado positivo, es la paciencia y la prudencia.

Seguramente querrás tratar el tema de cómo evitar el enojo, la ira y el odio.

Empezaremos con la definición de Control de Impulsos y su relación con Tolerancia a la Presión que vimos en el capítulo anterior.

Luego veremos la manera de evitar comportamientos con falta de inteligencia emocional como el del enojo descontrolado, la ira y el odio. Veremos también como llevar a cabo los comportamientos controlados, tanto en forma reactiva como preventiva.

Luego veremos comportamientos, habilidades naturales, preguntas y ejercicios.

B- DEFINICIÓN Y DESARROLLO

Control de Impulsos es la habilidad para resistir, moderar, suprimir o posponer la reacción automática natural defensiva, de un impulso o estímulo que te incomoda, amenaza o te presiona. La reacción automática generalmente es irracional e irresponsable, agresiva, explosiva, impredecible.

El impulso o estímulo externo ocurre, cuando sientes que eres atacado, o cuando tienes una expectativa o exigencia personal que no se te cumple.

Hay grados en esta reacción automática natural defensiva, desde sentida por dentro pero reprimida, en un extremo, hasta explosiva, agresiva, abusiva, manipuladora, de cabeza caliente, recurrente y adictiva en el otro extremo.

Ambos extremos son dañinos. La única reacción automática natural defensiva, no dañina o no destructiva, es cuando se circunscribe, a que el cuerpo reaccione naturalmente a la presión, al ataque, ante el peligro eminente de un animal o de una justa deportiva controlada. El cuerpo reacciona con adrenalina, gracias al estímulo externo, pero con el control y concentración de la mente, en ese momento de defensa. Cabeza fría en cuerpo en alerta y concentrado en su reacción automática entrenada. En este caso hay control mental y cuerpo suelto para su desenvolvimiento natural.

REACCIÓN INSTINTIVA VS REACCIÓN PENSADA

La reacción automática natural defensiva puede ser 4 opciones posibles:

1- Descontrolado. Comportamiento descontrolado cuando el impulso y el estímulo externo, pasa, en automático a una reacción de comportamiento de enojo y de alteración nerviosa, sin tamiz de la mente. Mente con falta de Inteligencia Emocional.

2- Agresivo. Comportamiento agresivo e inestable cuando el impulso o estímulo externo pasa a ser alimentado por una mente caliente y produce destrucción. Mente con falta de Inteligencia Emocional

3- Reprimido. Comportamiento reprimido por un control mental que está por encima de la reacción natural inmediata. Mente con mediana Inteligencia Emocional.

4- Inteligente Emocionalmente. Comportamiento positivo cuando el impulso o estímulo externo pasa a la mente y la mente dirige el comportamiento, convirtiendo la reacción automática natural agresiva en reacción natural positiva. Mente con alta Inteligencia Emocional

Las primeras 2 opciones se muestran en personas con Bajo Control de Impulsos. Las segundas 2 opciones se muestran en personas con Mediano Control de Impulsos de las cuales, la cuarta opción es la de Alto Control de Impulsos.

La primera opción se refiere a que la función que hace la amígdala para alertar a todo tu cuerpo y tu mente sobre una situación que te afecta o te ataca, te lleva a reaccionar y comportarte solo físicamente y reaccionar tal cual, para evitar físicamente el supuesto daño o amenaza. No pones ningún filtro entre el estímulo, la reacción de tu amígdala y tu reacción intempestiva. Los bebitos, los niños y los animales la muestran comúnmente. También la muestran los adultos con bajo control de impulsos. Los bebitos y los niños al no tener muchos ni grandes recursos propios no llegan lejos con su descontrol, pero los adultos pueden llegar a situaciones muy negativas cuando usan recursos grandes y muchos en su reacción sin filtros pensantes educados.

La manera de no comportarse así, es educar tu mente a que actúe en tus decisiones más racionales, antes de dejarte guiar, por tu parte física, que es la amígdala encargada de alertarte en caso de ataque o amenaza.

A los niños se les enseña que si reaccionan agresivamente, se les reprende o castiga y es un mensaje a la mente, que si se dejan llevar y guiar por su amígdala les va a ir más mal. Van a salir perdiendo más. No consiguen su expectativa.

Cuando esta educación no se da, es cuando el adulto tiene su problema de carácter, de enojo, de descontrol. Si aprendió que con el enojo es como consigue lo que quiere, ya se acondicionó inclusive su mente para actuar con enojo pues consigue lo que quiere. Esto es adictivo. Esto es conducir a la mente a la opción 2 (Agresivo), que es peor y más destructiva que la opción 1 (Descontrolado).

EDUCACIÓN PARA CONTROL DE IMPULSOS

Veamos cómo educar a tu mente para hacer que tu reacción y tu comportamiento sea dirigido por una mente educada positiva. Cómo evitar las opciones 1, 2 y 3. Cómo hacer tuya la opción 4 (Inteligente Emocionalmente).

a)- El enojo, la ira es una emoción destructiva. La primera persona a quien daña es a ti mismo. Cuando actúas y decides dominado por el enojo, la ira, estás teniendo energía solo en la parte cerebral motora y se vacía la energía por falta de sangre, que irrigue en la parte cerebral que se encarga de la actividad racional, pensante. Te equivocas cuando decides presionado, enojado o dominado por la ira.

Con esto logras evitar la opción 1 (Descontrolado), la de no conectar a tu mente antes de reaccionar por impulso automático y al menos logras colocarte en la opción 3 (Reprimido).

Un camino para lograr este paso:

¿Soy de las personas impulsivas para actuar?

¿Tu Human Side es de alto drive, bajo steadiness (constancia) y bajo apego a normas?

Si la respuesta es sí, seguir con los siguientes pasos:

1- Piensa cuántas veces tu segundo pensamiento y luego actuar es mejor que tu primer pensamiento y actuar. Seguramente encontrarás que tu segundo pensamiento es mejor para que tus decisiones sean mejores.
Esta es la disciplina, que tienes que hacer. Es algo indispensable, no creas que es conveniente, es indispensable hacerlo para ti. No solo por ti, sino por los que te rodean. Si tienes gente a tu cargo es indispensable.

2- Toma siempre dos pensamientos sobre una situación sobre la que tiene que tomar una decisión. El primero cronológicamente hablando no es suficiente. Espera al menos 2 horas entre tu primer pensamiento y tu segundo pensamiento. Si es algo importante y trascendente consulta con la almohada. Al día siguiente estarás en mejor posición de hacer tu segundo pensamiento y tu decisión con cabeza fría, pero además con el recurso de haber puesto a trabajar tu intuición durante la noche. Este recurso es valiosísimo.

3- Entre tu primer pensamiento y el segundo, sensa tus percepciones acerca de la situación con otros involucrados, ve las percepciones de ellos, ve otros puntos de vista. Repasa y aplica los 4 Acuerdos de Miguel Ruiz ya mencionados en este libro.

4- Aprende acerca de por qué tu primer pensamiento no es el más adecuado, cuando ya te des cuenta de que tu segundo pensamiento es mejor. Tu primer pensamiento te está diciendo cómo eres tú sin razonar. Aprende de ti mismo, con apertura de mente como testigo de tu propia vida. Tu recurso reflexión y sensar tus puntos de vista te mejoran tu perfil para tu éxito.

5- Cuando el problema es complejo usa el método de análisis y solución de problemas, explicado en detalle en el capítulo de Objetividad.

b)- El enojarte o no enojarte es opcional, es algo que tú puedes decidir hacerlo o no hacerlo. No es algo automático, sino que es motivo de tu decisión, tu voluntad y tu actitud que quieras tener frente a la vida.

Con esto logras evitar la opción 2 (Agresivo) y también la 3 (Reprimido), para aceptar los estímulos negativos, como parte de tus retos en la vida.

Un camino para logar este paso:

1- Un estímulo negativo recibido es una oportunidad, no una maldición.
Buena suerte o mala suerte es algo que tienes que aprender. No sabemos a ciencia cierta lo que nos depara el destino, entonces siempre se queda abierta la puerta para maniobrar. Solo la muerte te cierra la puerta, pero aún allí es muy probable que después tengamos que seguir tomando decisiones, sigue habiendo espacio de maniobra, claro está, en una posición muy diferente, o sea sin la fisiología de nuestros cuerpos y sin la miopía de nuestros 5 sentidos. No cierres la puerta con una determinación impulsiva reprobable. En todo caso cierra la puerta por algo que está sustentado en los valores máximos, no en una simple incomodidad o amenaza.

2- La cadena de eventos es larga y compleja, no la simplifiques, ocultando una realidad. El estímulo negativo que te ataca, es producto de algo, no viene así por nada.

Es posible que tú lo hayas atraído sin darte cuenta. Te va a enseñar algo de ti y de la vida. Las conexiones que tenemos con todos y con todo, que son intangibles, como si estuviéramos enlazados mediante hilos muy finos, son muy poderosas. Observa la cadena de eventos que se suceden como un flujo de agua, y observa que provienen de intereses, intenciones, deseos, de personas.

La noticia importante es que puedes influir en esa cadena de eventos (productos de intenciones e intereses de gente) de manera positiva o negativa. Tú eliges cuál. Lo importante es que tú, si quieres, puedes tomar control de tu vida, influyendo en esa cadena de eventos con tu habilidad.

Ejemplo: te quitan tu lugar de estacionamiento que te corresponde:

Opción 1: Descontrolado. Vas y le chocas su auto porque te defiendes y te vengas. Te cuesta la reparación de tu auto, la del auto chocado, una multa y la enemistad del que te quitó el estacionamiento. Además tampoco consigues el estacionamiento, cuando lo necesitabas, pues no te sirvió para estacionarte.

Opción 2: Agresivo. Golpeas al chofer del auto que te quitó el estacionamiento. Piensas que con esto ya no te lo volverá a hacer, piensas que ya te desahogaste y que pusiste en alto tu nombre.

Opción 3: Reprimido. Me voy a otro lugar y no enfrento la situación para recuperar mi lugar, pero en mi interior me enojo enormemente y desgasto innecesariamente mi cuerpo.

Opción 4: Inteligente Emocionalmente. Sin enojarme pienso en mi situación actual. Corto plazo que me conviene hacer, largo plazo qué me conviene hacer o sea reactivamente ahora y preventivamente para mañana y después.

Si la persona que ocupó mi lugar está presente o no. Si mi auto lo puedo estacionar junto o no. Si tengo prisa o puedo tener tiempo para arreglar este asunto de raíz. A quién puedo acudir que me pueda ayudar.

¿Cómo sacar el mejor provecho de esto?

Cuando enfrente al infractor ¿cuál manera voy a usar? Otra vez tengo las 4 opciones.

Es cuestión de escoger, no es algo automático. Escoge la que quieres que sea tu personalidad en función de tu felicidad.

c)- Si quieres ser Feliz está en tu decisión tener las actitudes para serlo frente a cualquier estímulo externo.

Con esto logras tomar la Opción 4 (Inteligente Emocional).

CONCLUSIÓN

Un resumen de todo lo anterior en términos de Control del enojo o de impulsos es el siguiente camino:

Tres posibles procesos humanos para manejar el enojo

¿Cuál escoges?

Proceso 1. Natural primitivo

Reacción biológica inconsciente ante un estímulo externo

Decisión automática para defenderse del ambiente.

NO es la recomendable

Proceso 2. Retención Del Enojo

No decidir a menos que sea una amenaza física y hay que correr. De hecho este proceso en nuestros días de paz no hay mucho uso.

Esta es la Primera opción inteligente emocionalmente: retén el enojo y no actúes.

1- No decidas, estás caliente
2- Decide no decidir
3- Saca la vuelta inteligentemente a la decisión, hasta que te enfríes, hasta que lo consultes con la almohada. Evalúa consecuencias de las opciones que tienes para decidir, para reaccionar.

Proceso 3. Crecimiento Personal

Esta es la segunda opción inteligente emocionalmente: Capitaliza el enojo para crecer tú mismo. Para hacer crecer a tu prójimo.

La reacción biológica inconsciente hay que llevarla a la razón, al entendimiento:

1- Tengo un aviso que tengo que atender. Una señal de un instrumento que dice "cuidado" "atiende esto"
2- ¿De dónde viene?
3- ¿Por qué crees que viene? Chécalo con alguien de tu confianza. Los 4 Acuerdos de Miguel Ruiz.
4- ¿Quién quiere que reacciones así?
5- ¿Qué siento? Siéntelo solo y contigo mismo. No lo evites, aíslalo.
6- ¿Qué veo después de sentirlo?

7- El que se enoja pierde. Yo no quiero perder

8- Ve la causa interna y ve la causa externa y correlaciónalas y entiéndete a ti mismo. Sinopsis de sentimientos. Positivos y negativos.

9- Libérate de culpas. Acércate a tu TRUE SELF.

10- Conciencia de la no dualidad. Buena suerte o mala suerte, Dios dirá más adelante.

C- PERFIL HUMAN SIDE

Un Drive muy alto, una Influencia muy alta, una "S" (constancia) muy alta y una "C" muy alta dan como consecuencia una auto presión alta que hace que la persona sea ansiosa, una para ganar (D), otra para aparecer bien frente a los demás (I), otra por el método que tiene que estar perfecto (S) y otra para realizar la instrucción perfecta (C).

En estos casos hay que ayudar a las personas a atenuar comportamientos extremos y lograr más balance.

Hay comportamientos que muestran mucha resistencia y son los de un Drive de 60 o 70 con una "S" de 60, una "I" muy baja y una "C" de 40 a 50. Si además tiene alto pensamiento lógico muestran muchos comportamientos de aguante y persistencia frente a duros retos. Son como tractores en su trabajo de ir resolviendo problemas, paso a paso con persistencia y empuje.

La "I" baja es una muestra casi segura, de no estar agobiado por los sentimientos de otras personas o de sí mismos pues lo muestran controlados o más bien evitados y ausentados.

D- HABILIDADES NATURALES

Resistencia y equilibrio son las habilidades primordiales en el juego de la tensión y el control interno.

E- EJERCICIOS

1- Apunta en un papel tu último enojo que hayas tenido. Describe qué sentiste.

2- ¿A qué se debió?, o más bien piensa ¿a qué crees tú, que se debió?

3- Si partes de que otra persona ajena a ti te ocasionó un disgusto, piensa que si es cierto lo que dice hay que verlo internamente y que si no es cierto lo que dice, no tienes por qué tomarlo en serio (para nada). Si te tiran basura no te la quedes, solo deséchala.

4- Si es cierto, entonces se comprueba que el enojo es contigo mismo y hay que darle atención delicada a esto. ¿Reconoces alguna falla en ti?. Chécalo con alguien que te estime.

5- El tratamiento de una falla en ti, requiere de una buena actitud. Analiza tu actitud. Una falla o un error es una oportunidad de mejorar, de crecer.

6- Ahora sí analiza otras opciones del "qué hacer", que sean posibles para que los demás y tú sean mejores. No es nada personal es cuestión de hacer las cosas de manera diferente y es todo.

7- Descubre que el enojo es solo si tú lo aceptas, si a ti te conviene para mecanismo de defensa, superficial. No te hace mejor persona.

F- PREGUNTAS

1- Escoge las respuestas correctas sobre una baja inteligencia emocional
   a)- Asertivo
   b)- Enojón
   c)- Deprimido
   d)- Aislado

2- Escoge las respuestas correctas sobre una alta inteligencia emocional
   a)- Controlado
   b)- Motivado
   c)- Motivador
   d)- Preocupado y tenso
   e)- Disperso

3- El ser impulsivo significa
   a)- Actuar bajo presión sin pensar
   b)- Ser muy cerebral
   c)- Ser muy inteligente
   d)- Ser muy frío

4- El ser controlado significa (escoge 2)
   a)- Actuar bajo presión sin pensar
   b)- Ser muy cerebral
   c)- Ser muy inteligente
   d)- Ser muy frío

5- Escoge la mejor solución para el enojo
   a)- Contar hasta 10 y luego reaccionar
   b)- Suspender toda actividad y tomar un descanso
   c)- Preguntar antes de decidir
   d)- Explorar internamente tu causa raíz y solucionar de fondo tu tendencia impulsiva.

VII- ACTITUD EN LA VIDA

Este tema se aborda desde 2 puntos de vista:

Optimismo y

Felicidad

VII.1 Optimismo

A- DEFINICIÓN Y DESARROLLO

Es la habilidad para ver el lado brillante, positivo de la vida, de las cosas, de las personas. No el lado fantasioso, de color de rosa, todo por igual, sino el lado real pero positivo, particularizando cada caso, con aseveraciones fundamentadas. Aún en los momentos de adversidad, ver las posibilidades de arreglo, de triunfo, de solución. No fantasiosamente con planteamientos generalistas y faltos de fundamento, sino con soporte lógico, analítico, con soporte de experiencias probadas exitosas, con convencimiento personal que se nota en tu lenguaje corporal.

Es la habilidad para cambiar de negativo a positivo, de adverso a favorable una aparente realidad personal o social. Incluye una esperanza bien concebida, bien fundamentada, bien experimentada, que contagia realmente a los demás pero empezando por un convencimiento propio.

La vida tiene sus momentos de altas y sus momentos de bajas. El optimismo no niega los momentos de bajas, porque sería ser irrealista, no objetivo. El Optimismo hace ver la evolución hacia un mejor estado, propiciando ciertos pensamientos y acciones que demuestran la realidad del optimismo.

En el mundo real muchas veces es tan cierto, una expresión muy positiva de algo como una expresión muy negativa de lo mismo. Ejemplo, un salto de 12 metros al agua. Te puede ir bien o te puedes lastimar. No existe fundamento alguno para hacer ver el perjuicio absoluto a todos los que se lanzan el brinco de 12 metros, pero sí es probable que algunos se puedan lastimar. Hay quienes dicen ES ABSOLUTAMNETE FANTASTICO y hay quienes dicen es ABSOLUTAMENTE TERRIBLE. No es real absoluto para todo mundo, ninguna de las 2 posiciones. El pesimista apuesta por la segunda posición y el optimista ilusorio por la primera posición. Solo el optimista con inteligencia emocional, apuesta por el lado positivo cuando tomas ciertas precauciones. El optimismo ayuda a hacer realidad que suceda el beneficio en vez del perjuicio. El pesimista y con mentalidad negativa y perdedora, se dice racionalmente a sí mismo, que no le va a salir bien y eso motiva que no le salga bien, para que después manifieste: "LES DIJE, YO SABIA, YO TENIA RAZON, YO SOY MUY INTELIGENTE".

Otro ejemplo, cuando existe una crítica mal sana, el pesimista la cree en forma natural porque así le conviene a su estado emocional depresivo, el optimista ilusorio siempre dice que no es posible y el optimista con inteligencia emocional ve los aspectos en que la crítica negativa está mal, en sustentos reales y pone la duda en que no es tan mal, como la pintan. Profundiza en ciertos elementos que explican que no está tan mal, como la pintan, pero que si hay cierta verdad en lo negativo de la crítica.

EJERCICIO DEL PENSAMIENTO

Un ejercicio de pensamiento, es que cada cosa que observas en tu vida veas siempre cuatro ángulos: El positivo, el negativo, lo que es indiferente y lo que es interesante. Tanto lo indiferente como lo interesante no tienen connotación ni positiva ni negativa. Esto te obliga a desembarazarte de pensamientos cargados de emoción positiva o negativa a fuerzas, que la verdad son pensamientos muy subjetivos, poco reales, porque muchas veces ni es positivo, ni es negativo, en sí mismo, sino que las cosas son, y obedecen a una causa no a un culpable.

En el caso del salto de 12 metros: Lo positivo: el contacto con la naturaleza, la emoción de volar por unos segundos, la experiencia; lo negativo: el riesgo de que te pueda pasar algo, lo indiferente que son las 4 de la tarde, lo interesante que no sabes como va a reaccionar todo el grupo, que después de estar mojados cómo secar la ropa.

En el caso de la crítica mal sana, digamos que critican a un amigo tuyo de egoísta en el trato con sus empleados. Lo positivo: que se cree conciencia de tratar mejor a los empleados en general; lo negativo: que efectivamente se hizo una descortesía con un empleado, pero que otras veces se le ha apoyado a ese empleado en las malas; lo indiferente: que quien lo dice está muy exaltado; lo interesante: ¿porqué estará exaltado?

En el caso de la persona que te quitó el estacionamiento. Lo positivo: Me da oportunidad para fomentar la paciencia en las controversias, que me hace falta, y me da oportunidad de terminar la canción que estaba escuchando en el radio; lo negativo: Me va a tomar más tiempo de lo que yo pensaba hacer en este objetivo que tenía en mente; Lo indiferente: El auto que trae es muy pequeño; lo interesante es que sus actitud es acobardada, huidiza.

En este ejercicio no debes de exagerar ni los negativos, ni los positivos, pues aprendes que exagerar cualquiera de los 2, te convierte en un mentiroso. Como se trata del Primer Acuerdo de Miguel Ruiz, "sé impecable en tus palabras".

Esto te da balance, te da nuevas perspectivas de solución de los problemas.

Lo que tú te dices a ti mismo es fundamental para tu vida. Tu cuerpo censa lo que piensas con lo que es natural y acciona según estas 2 referencias. Si te dices que NO, tu cuerpo se acondiciona automáticamente para que sea NO. Si te dices que no va a salir bien el salto de los 12 metros no va a salir bien, mejor no saltes.

Si te programas y te acondicionas y te involucras y te metes a ver como sí, lo vas a disfrutar y te sale bien.

DOSIFICACIÓN DE LO NEGATIVO

A veces es muy útil, navegar en lo negativo, como forma de saber más, de probar la realidad. No como forma permanente de ser y de hacer. En momentos de adversidad, de haber sufrido un robo, un fraude, o de querer prever algún robo o algún fraude, PIENSA MAL Y ACERTARAS dice un refrán. Es muy probable que encuentres nuevas pistas, claro sujetas a comprobación.

Lo negativo también te puede ayudar a aplicar cierta precaución. Es sano, anteponerte a posibles problemas futuros, pensando que puede haber riesgos, que pueden salir mal las cosas, no por pesimista sino por realista.

Es muy diferente pensar en riesgos con negatividad, a ser negativo en tu proceder, en tu actitud. Pensar negativo para poner en la balanza, contra el pensar positivo es ser realista.

Emprender y realizar a pesar de los riesgos es accionar optimistamente, porque la apuesta va por el lado positivo.

En los negocios así como en la vida, la dosificación de pensamiento negativo, pesimista es muy útil en varios aspectos: Para anticiparse a los problemas que tiene el realizar un objetivo, para ver los riesgos posibles, calcularlos y neutralizarlos, para hacer auditorías en casos de desviaciones cometidas, para calcular tanto el costo, como el beneficio, para ver los costos directos y los costos de oportunidad.

Lo más fácil es que para estos aspectos mencionados se tenga gente negativa o pesimista, que aporte sus puntos de vista para obtener ese pensamiento negativo.

Sin embargo una persona optimista con inteligencia emocional también lo puede hacer y con la ventaja de que no necesitas 2 personas con 1 sola tienes. Esta persona juega el rol de pensador negativo sin ser pesimista.

Una persona optimista ilusoria es muy probable que pase por alto los riesgos y cuando los enfrente en la realidad, no va a ser competente.

Una persona muy pesimista, de actitud pesimista como norma, no puede tener alta inteligencia emocional. Son mutuamente excluyentes. La negatividad atrae sucesos fallidos, contagia el pesimismo, no es objetiva porque no ve la parte buena, positiva, triunfadora, satisfactoria de la vida. Contagia a su interior y contagia a su cuerpo, lo entorpece en sus movimientos naturales, porque el cuerpo rechaza una imposición del cerebro que es antinatural.

Recuerdo una vez jugando al golf, que me dijo mi partner, que los del club le traían coraje pues que estaba seguro que lo habían mandado espiar, para ver donde caían generalmente sus tiros y allí es donde habían colocado las nuevas trampas. Estaba personalizando negativamente y eso va en contra del segundo acuerdo de Miguel Ruiz y estaba en un gran error por personalizar, el cambio de diseño del campo de juego.

Lo negativo se puede volver positivo en forma natural, como por ejemplo: Después de la tormenta, viene la calma, o después de un pesado desgaste agotador, viene un descanso recuperador, o después de un frío invierno viene una hermosa primavera, o después de los desvelos por un hijo, viene la satisfacción de su felicidad. O bien, después de instaladas las nuevas trampas en el ejemplo del golf, hay que aprender las habilidades deportivas, necesarias para salvarlas y disfrutar del mejoramiento de habilidades.

Si en forma natural esto es cierto y la persona pesimista por naturaleza y convicción, reniega tanto del esfuerzo agotador como de su descanso, del frío y de la primavera, de la tormenta y de la calma, de los desvelos como de la alegría causada, pues le falta inteligencia, rechaza los ciclos naturales. Esto le presenta un conflicto consigo mismo, con la naturaleza y con los demás. Es como estar en contra de recibir, porque luego hay que dar y estar en contra de dar porque luego te puedes quedar sin recibir.

POSPONER LA GRATIFICACIÓN

Está demostrado que los mejores resultados se consiguen con la disciplina de posponer la gratificación inmediata y fugaz por una satisfacción posterior más nutrida.

Solo el optimismo te hace ver el potencial escondido, los costos de oportunidad que pierdes al no intentar algo más, los beneficios por los que vale la pena arriesgarse, esforzarse. El optimismo se fundamenta y se nutre de la naturaleza misma. Las flores, las cosechas, los hijos agradecidos, la primavera, los buenos resultados, la amistad, el descanso son muestras claras de la bendición que trae el optimismo con inteligencia emocional.

El optimista se puede dar el lujo de posponer la gratificación porque cree en un mejor futuro.

Está demostrado que los niños que prefieren posponer la gratificación por un mayor premio, cuando se trata de un mayor esfuerzo, son los que de adultos tienen mayor éxito.

El ingrediente optimista realista, en una situación ya de por sí favorable, a veces suena que es fácil. El ingrediente optimista realista, en momentos de adversidad son más difíciles y requieren de mayor habilidad. No porque digas todo está bien y mañana va a estar mejor, va a suceder, sino que tienes que abrazar toda la cadena de eventos para mejorar la situación, los que requieran de tu esfuerzo y los que no.

El optimista realista, sabe que para serlo con fundamento, él está dispuesto a pasar por momentos del ciclo de baja, de vacas flacas, para esperar con alegría el de vacas gordas, el de las altas de la vida; él sabe que para disfrutar de un alimento, es más favorable cuando pasas hambre; que un descanso fabuloso acontece, después de un cansancio; que viene un premio, después de un gran trabajo. Esto quiere decir, que tiene habilidad de pasar por momentos difíciles con buena actitud, resistiendo embates, esfuerzos, reciprocando entregas a pesar de obstáculos y eso es el fundamento de un optimista realista, de alguien que pospone la gratificación inmediata por otra más jugosa después.

El optimista realista, seguramente sabe de fracasos, de pérdidas, de ponches, pero también ha experimentado en carne propia o ajena observando e internalizando éxitos, premios, hits y home runs como en el beisbol. Ha aprendido que los fracasos, las pérdidas, las fallas, los costos, son pasajeros y maestros de la vida, para aprender de ellos y resistir y tolerar sus efectos negativos, esperando nuevas avenidas favorables cuando se accionan mecanismos de auto preparación y embate con persistencia.

En el capítulo de Solución de Problemas y de Realización Personal, se habla de técnicas, enfoques para solucionar problemas, para ponerse objetivos, para seguir caminos planeados para la mejora, estos enfoques y caminos son los naturales para un optimista realista, que busca que sucedan las cosas satisfactorias, los buenos resultados, las épocas de vacas gordas, mediante un estímulo personal (deliberado) a las situaciones de la vida, logrando resultados favorables.

B- PERFIL HUMAN SIDE

COMPORTAMIENTO

Generalmente los comportamientos activos son más optimistas que los comportamientos pasivos. Alto empuje y alta influencia son generalmente más extrovertidos y más optimistas. Sin embargo éstos no necesariamente son optimistas realistas, pues podrían ser optimistas ilusorios.

Los de comportamientos pasivos generalmente son más pesimistas y por eso son más conservadores. Sin embargo la transformación a optimistas realistas se puede dar aún con estos comportamientos pasivos, cuando el realismo ayuda a ver que el éxito se consigue paso a paso, con paciencia y esfuerzo y tenacidad.

PROCESO PENSANTE

El pensamiento analítico es muy adecuado para detectar las desviaciones al deber ser y por eso las personas con alto ingrediente de pensamiento analítico, se enfocan a los problemas, a las fallas y eso los hace, verse muy negativos, para muchas personas. Sin embargo, me ha tocado darles consejo y coaching, recomendarles que se den el tiempo para comunicar y en primer lugar las noticias positivas primero, para que abran la mente de su interlocutor y cuando lo hacen su imagen cambia muy positivamente frente a los demás.

INTERESES

Cuando los intereses son muy activos en la búsqueda de la riqueza, del poder, de la ciencia, de los principios, ayuda para ser optimistas. Cuando no hay interés en la creación de riqueza, de las ciencias, del servicio a los demás, de la responsabilidad por los demás hay tendencia a ser pesimistas de la vida.

C- HABILIDADES NATURALES

El optimismo realista requiere de Determinación, pues se escoge, ser optimista. También se puede heredar cuando los padres son optimistas y les ha dio bien, pero finalmente lo necesitas hacer tuyo, lo tienes que confirmar en las peripecias de tu vida.

La Fuerza del optimismo radica en contagiar a los demás y en resistir las épocas de ciclo bajo.

La Flexibilidad se mejora con el optimismo porque hay un diálogo entre presente y futuro. Hoy doy más y luego recibo. Hay intercambio flexible y casuístico.

La Agilidad se ve incrementada cuando encuentras maneras de cortar camino al ciclo bajo y acelerar el beneficio y la llegada del ciclo bueno.

La Resistencia se acentúa cuando aprendes a sobrepasar las épocas de baja, a verle a estas épocas, las cualidades de aprender de ellas y sobre todo cuando no dejas que tu mente, ni tus amigos, ni vecinos te exageren los perjuicios de las épocas bajas, (esto es morbosidad), sino que al experimentar valientemente sus efectos constatas por ti mismo, que no es tan grave como tu mente te lo presentaba tan exagerado.

El equilibrio, el balance, se consigue cuando el optimista realista compara costos con beneficios, riesgos con resultados, ponches y hits, ciclos bajos y ciclos altos. Cuando alcanza a apreciar internamente que la vida es un juego de alti-bajos, que a final de cuentas denotan movimiento, una frecuencia natural que hay que entender como es, tal cual y ya, e irte despojando de la morbosidad de los adjetivos calificativos positivos y los negativos que empañan la mente y frenan la libertad de ser y de hacer, conforme al flujo natural de las cosas, de sus ciclos. Lo positivo exagerado es como el elogio, que te enreda, te ensoberbece, o como el insulto que te desequilibra innecesariamente. El optimista realista no compra la basura de un elogio morboso, ni la basura de un insulto que te descontrole.

D- EJERCICIOS

1- En tu propia consideración sobre ti mismo, ¿tú te consideras optimista, pesimista, u optimista realista?
2- ¿Por qué te consideras así? Da ejemplos. Y escríbelos, nárralos.
3- Si pudieras hacer un análisis de tu historia reciente, qué porcentaje de las veces te comportas como pesimista, qué porcentaje de las veces como optimista ilusorio y qué porcentaje de las veces como optimista realista?
4- ¿Cómo saliste en tu prueba de HSEI en Optimismo?
5- ¿Cómos saliste en comparación con Objetividad y con Solución de Problemas?

6- ¿Deseas ser más optimista realista después de haber leído este capítulo?

7- ¿De las ideas que aquí has podido obtener cuáles te llamaron más la atención para ponerlas en práctica?

8- Haz este mismo análisis de 7 preguntas y respóndelas para una persona que conoces bien. Comenta con esa persona tus observaciones.

E- PREGUNTAS

1- Optimismo es
   a) Ver todo de color de rosa, hasta lo malo.
   b) Darse cuenta que algunas cosas son positivas
   c) Entender que las personas siempre dicen la verdad
   d) Darse a conocer tal cual eres

2- Pesimismo es
   a) Un estado de ánimo depresivo
   b) Estar en contra de todo y defender tu punto de vista
   c) Defenderse de los insultos
   d) Agredir a los demás con preguntas morbosas

3- Optimismo realista es
   a) Ver lo bueno de la vida, aceptando que hay algunas malas ocasiones
   b) No hablar nunca de lo malo.
   c) Aborrecer lo malo
   d) Lo malo no existe

4- Posponer la gratificación
   a) Es malo porque te puedes traumar
   b) Es una acción muy común de optimistas realistas exitosos
   c) Es evitar ser feliz
   d) Es ser dejado y tonto

5- Los comportamientos activos de alto empuje y alta influencia son por lo general
   a) Optimistas
   b) Pesimistas
   c) Precavidos en exceso
   d) Equivocados

6- Los que usan mucho su pensamiento analítico por sobre todos los demás
   a) Generalmente son buscadores de fallas y problemas
   b) Generalmente les gusta dar buenas noticias
   c) Generalmente son pesimistas
   d) Generalmente son poco inteligentes racionalmente hablando

VII.2 FELICIDAD

A- DEFINICIÓN Y DESARROLLO

DEFINICIÓN

La felicidad es estar contento contigo mismo y con tu vida.

Algunas personas para estar contentas (según ellas) requieren "x", "y" y "z" y otras personas para estar contentas (según ellas) requieren "a", "b" y "c".

Algunas personas (según ellas) requieren de muchas cosas y atributos y otras personas requieren de pocos atributos o cosas.

Alguna personas (según ellas) requieren de cosas o atributos que dependen mucho de ella misma y otras personas (según ellas) requieren de cosas y atributos pero que dependen de que los demás se las hagan o les sirvan o le correspondan. En el caso de los bebitos no solo su felicidad, sino su sobrevivencia requiere de los demás.

Entonces 2 elementos de la felicidad siempre están presentes, los 2 elementos de la definición original (contigo mismo y con tu vida), (según tus propias definiciones, creencias e intenciones y según tu relación con las cosas y las demás personas). Ambos elementos son indispensables para entender la felicidad. Si no consideras el primero, aunque tengas el segundo, no hay felicidad. Si tienes el primero y no tienes conciencia de tu vida en relación a los demás, tampoco tienes la felicidad.

Tener muy pocas cosas y que dependen de ti, es una manera de ser feliz para algunos y tener que tener muchas cosas y que todas dependan de ti es el otro extremo de buscar una felicidad por algunos otros. Existen ciertos satisfactores básicos como satisfacer el hambre, la sed, la protección elemental contra inclemencias del tiempo, seguridad que de no satisfacerlas, mueres. No se puede ser feliz con hambre, frío, dolor y son necesidades no creadas por ti, son necesidades impuestas en tu naturaleza que hay que satisfacer, generalmente con la ayuda de los demás. El diseño natural es que para poder satisfacerlas necesitas de los demás y de la naturaleza que te provee. Esto se va a repetir para cualquiera de los satisfactores que necesites para tu felicidad. Ver más adelante Felicidad Conectiva.

TENER, SABER, HACER, PODER, SER

Se trata de "tener"?, de "hacer"?, de dar?, de "recibir"?, de "saber"?, de "poder"?, o de "ser"? para ser feliz. De todo esto y en mucha cantidad o intensidad o de algo de esto y en poca cantidad, o de mucho de "tener", aunque de lo demás no haya nada, o de mucho de "dar" y de lo demás nada o de mucho de recibir y de lo demás nada o de mucho de "ser" y de lo demás nada. O bien se trata de algo de cada atributo.

¿Se trata de evitar el sufrimiento? Hay 2 tipos de sufrimiento, el físico y el emocional. Ambos se resuelven con 3 elementos: disposición personal, ayuda de los demás y naturaleza que provee. Ver más adelante Felicidad Conectiva.

Un bebito no "tiene" nada, "hace" poco, "da" poco, "recibe" mucho, "sabe" poco, "puede" poco y "es" poco en cuanto a su conciencia de que "es" alguien. Un bebito muestra corporalmente cuando está contento o cuando está molesto, o cuando está sufriendo.

Un niño chiflado y consentido "tiene" mucho, "da" poco, "recibe" mucho, "sabe" poco, "es" poco pero se cree "ser" mucho y cree poder mucho o a veces "puede" mucho. Tiene momentos contentos pero sus momentos contentos no son sostenibles.

Una persona con pocos recursos materiales a su disposición puede ser muy feliz o puede ser infeliz.

Una persona que tiene muchos recursos materiales puede ser muy feliz o infeliz.

Una persona que es muy famosa puede "ser" muy feliz o puede ser infeliz.

Una persona ermitaña puede ser muy feliz o puede ser infeliz.

Una persona muy capacitada puede "ser" muy feliz o infeliz.

Una persona con discapacidad puede ser muy feliz o infeliz.

Una persona que tiene fuerza para hacer que los demás hagan lo que ella quiere, "puede" mucho y puede ser feliz o puede ser infeliz. Un policía o un sicario.

¿Se trata de hacer lo que quieres siempre y ya está todo para ser feliz?

¿Los que se dan el lujo de hacer lo que quieren son felices?

La respuesta es, depende de ¿qué es lo que quieren? No cualquier querer te da felicidad.

Si lo que quieres es fiesta, placer, beber alcohol, amigos de parranda, lo contento se te quita a la mañana siguiente.

Si lo que quieres es aliviar el sufrimiento de algunos semejantes, puede ser. Ver más adelante Felicidad Conectiva.

Si lo que quieres es ser muy famoso y ser Presidente de tu país a como dé lugar por tu vanidad, sufrirás por no serlo y si es que lo eres algún día, te darás cuenta de la vanidad, que entorpece la felicidad.

Estar contento contigo y con tu vida es algo variable de día a día, a veces lo estás mucho y a veces lo estás poco y a veces no lo estás. ¿La felicidad es entonces, estar el más tiempo posible contento o se puede estar siempre feliz?

Una cosa es estar contento, o estar algo molesto, o estar muy molesto o estar sufriendo. Hay personas que cuando están molestos lo expresan y otras no lo expresan, igualmente cuando están sufriendo algunos la expresan y otros no.

La felicidad entonces radica en el "ser" de cada uno. Es algo interno, que se puede mostrar a los demás, con la kinesiología de la persona, pero no es algo que se puede separar del "ser" de la persona. Por ejemplo una cosa externa a la persona, que le da supuestamente felicidad a la persona, si se pierde, claro que impacta a la felicidad, pero no es la felicidad de la persona.

Tener muchas cosas materiales a tu disposición te da poder, te da responsabilidad, te da tener que rendir cuentas, te da ambición, te puede contribuir a tu felicidad o a tu infelicidad.

Hemos sabido de personas que se suicidan porque pierden según ellos "x" millones de pesos o dólares. Obtener dinero de pronto te motiva pero con el paso del tiempo te disminuye el impacto de esa motivación y felicidad momentánea.

Saber mucho de ciencia y muchos conocimientos a tu disposición y manejo inteligente, te da satisfacción a tu curiosidad, te da responsabilidad en el uso de los conocimientos, te puede dar prestigio, te puede contribuir a la felicidad o te puede hacer infeliz por no llegar a saber lo que tú quieres. Hemos sabido de personas que se suicidan por no entender "x" o "y" cosa o fenómeno de la vida.

Recibir mucho de cosas materiales se aplica lo que ya comenté en el caso de Tener muchos recursos y propiedades materiales, con la diferencia que al no generarlos no se sabe ni aprecia el valor de lo que tiene y se pierden más fácilmente.

Recibir impulsos de placer por fiestas, felicitaciones, comidas sabrosas, alcohol, sexo, drogas, amigos con su alegría de fiesta, noches de reventón, dan un placer momentáneo que no es felicidad. Hay alejamiento de una vida real. Hay deterioro físico químico del cuerpo. Hay contradicción de ese funcionamiento del cuerpo, para ser saludable, con ese funcionamiento del cuerpo que no da salud y por tanto esa contradicción evita la felicidad.

Hacer mucho en actividades y crecer mucho en ciertas habilidades del qué hacer y el mérito, es un aspecto que da crecimiento y se siente que estira a la persona en talento y capacidades. Se puede llegar a ser casi 2 personas en 1, ó 3 personas en 1, con tanto talento desplegado que se hace el equivalente a 2 o 3 personas en el qué hacer. Por ejemplo un deportista, un soldado o policía, un empelado diligente, un empresario muy productivo, un sacerdote muy activo y eficaz, en misiones por ejemplo, un escritor o pintor con mucha obra exitosa. Da satisfacción por ser productivo, por ser admirado, da responsabilidad por el uso de los talentos, da rendición de cuentas contigo mismo, da ambición y puede dar felicidad o infelicidad. Depende del tipo de qué hacer de que se trata, de la manera en que se desempeña ese qué hacer con los demás y de la persona misma, en cuanto a su ser, sus creencias e intenciones, sus expectativas.

Cuando tu hacer es de tal manera concentrado y conectado entre tu mente, tu cuerpo y tu intención, coordinando todos tus movimientos, micro-movimientos con un ritmo natural de movimientos armónicos, puedes entrar en "Flujo", te das cuenta que algo que es difícil se te facilita enormemente, disfrutas cada segundo o microsegundo y en esos momentos estás como en trance y en esos momentos sientes plenitud, una manera de felicidad. También sucede algo parecido en la meditación de algunas personas. Estás conectado y sientes cada micro-movimiento, sientes entrar el aire por tus conductos nasales y tus pulmones y puedes ver desde afuera el movimiento de tu cuerpo interior haciendo su trabajo y tú sientes fluir con ese movimiento cada parte de tu cuerpo, conectada a ti. La conexión de todas tus partes corporales en el deporte con la pelota en juego, por ejemplo, la conexión de tus partes corporales con el instrumento musical en el caso de los músicos, la conexión de tu cuerpo y tu mente con una inteligencia universal en el caso de la meditación, la conexión de tus partes corporales con el automóvil (y sus partes) y la pista en el caso de los corredores de auto, la conexión con tus partes corporales en un ascenso al Everest sin oxígeno por ejemplo. Esto requiere grandes dosis de entrenamiento y disciplina. Requiere de posponer la gratificación, en todo ese tiempo de entrenamiento y disciplina. Este flujo es mientras dure el performance o desempeño y ¿luego?.

Dar mucho encierra muchos secretos, pues uno de ellos, es acercarse a la felicidad, al estar conectado con otras personas de manera intensa. Depende de qué es lo que des a los demás. Lo que es tuyo, o lo que no es tuyo, que por definición no lo debieras de tener por eso no lo debieras de dar. Lo que recibes y transmites bien o con distorsiones.

Poder mucho encierra también muchos secretos de la vida. Poder por la fuerza o poder por tu autoridad moral. Los resultados en tu felicidad son opuestos. Poder por la fuerza es más controversial. Si es a un bebé con pequeña fuerza y mostrar tu intención con una intención que sea buena para la felicidad de él a la larga, incides en la felicidad a la larga tanto tuya como del bebé. Si es fuerza para reprimir algo que es bueno, opera en contra de tu felicidad y la de los otros.

Ser mucho. ¿ Se puede ser mucho o se puede ser poco?. Tengo un libro sobre SE CONSCIENTE DE TU SER. Este libro antecede a éste que ahora lees. Te recomiendo leerlo.

El "ser" se expande con la conexión consciente a todo lo demás. El "ser" se reduce con el aislamiento de la personalidad que rechaza a todo lo demás o a mucho de lo demás. El "ser" de fondo está pleno y allí está, pero depende de tu conciencia que lo abarques, que lo aprecies o no.

B- TEORIA SOBRE UNA FELICIDAD CONECTIVA

UNA FELICIDAD CONECTIVA.................................... donde la cadena de conexiones que nos ata, con una naturaleza accesible, con todas las personas, nos da un estado, de realidad, percibida por nosotros mismos, muy satisfactoria que se puede explicar, denotar, como PLENA. Nos permite darnos cuenta de lo que nos favorece y de lo que nos perjudica, en esas conexiones. Acomodarnos voluntariamente en las que nos favorece y beneficia a tus conexiones, nos da felicidad.

1- Tú mismo, 2- la naturaleza que provee y 3- los demás.

Asimismo 1- Tu disposición personal, que genera tu desarrollo personal, 2- la naturaleza que provee y 3- las demás personas empezando por las más cercanas a ti. El resultado se da por añadidura, por consecuencia natural.

Tu disposición personal se da por tus pensamientos, intenciones, creencias que están conectados con tus sentimientos y emociones. Esta disposición personal genera desarrollo productivo, útil, si aprendes, si recibes y das, o genera sufrimiento si rechazas, si no recibes, si no das, en la relación con tus demás conexiones.

Conexiones con *la naturaleza*: los rayos del sol por ejemplo, las olas del mar, el olor de las flores; conexiones con *las personas* (padres, hermanos, parientes, amigos, vecinos, socios, hijos, socios, colegas, maestros, alumnos, clientes, proveedores, etc..); conexiones con *grupos sociales* (familia, colonia, club, ciudad, estado, país, continente, planeta); conexiones con *creencias e intenciones* (pensamientos, salud, vida, bienestar, enfermedad, sufrimiento, libertad, voluntad, esperanzas ilusiones, valores); conexiones con *sentimientos y emociones* (amor y miedo en sus diferentes manifestaciones), conexiones espirituales, padre, madre o un ser querido ya fallecido o un santo de devoción o Cristo o Dios y a eso le llamo *espiritualidad,* conexiones con nuestra *cinestesia:* cada una de nuestras partes corporales y todo el cuerpo en su conjunto, órganos, tejidos, músculos, nervios, huesos, manos, dedos, pies, extremidades, tórax, abdomen, hasta nuestras células que se renuevan continuamente, nuestro ADN y finalmente hasta con *los animales y las cosas* (tu casa, tu auto, tu oficina, tus mascotas).

Está comprobado que tu ADN está formado por un gran origen y también hay espacios para que sea modificado por tus pensamientos, creencias e intenciones verdaderas y voluntarias.

Cada pensamiento, cada acción tuya, cada cosa que recibes, cada decisión, cada encuentro que tienes, está conectado con todo lo que menciono en el párrafo anterior. Tiene sus repercusiones en todo lo demás que menciono. Al final solo se tienen 2 tipos de consecuencias, beneficiosa o perjudicial. Las consecuencias se dejan sentir, por cada parte y por el todo y tarde que temprano se manifiestan naturalmente en forma evidente. Tu salud física y mental son algunas de las consecuencias manifiestas.

Tener por tener (solo ambición), recibir para solo poseer (solo acumulamiento improductivo), dar por dar lo que sea (desgaste de energía valiosa), poder por la fuerza (soberbia), placer por el placer (hedonista), hacer por hacer (activista), saber por saber (soberbia), meditar solo en ti y tus intereses sin conectarte con todo, no dan Felicidad.

Requieres para ser feliz, estar conectado con un origen o principio valioso, con un fin valioso y con un uso o medios que sean valiosos. Requieres estar consciente de que tus creencias e intenciones tienen consecuencias en tus acciones y que estas acciones tienen consecuencias en todo lo que ya mencioné que estás conectado. Lo externo que recibes, también está conectado contigo y requieres que tú, estés consciente de las consecuencias de lo que recibes del exterior. Los rayos del sol en el amanecer o el atardecer, tiene consecuencias en tu nivel de energía, tus alimentos algunos tiene consecuencias negativas y otros te son saludables. Una ciudad violenta y sucia o una ciudad pacífica con mucha área verde, tiene sus consecuencias en tu estado emocional. Requieres para ser feliz, que tus pensamientos, creencias e intenciones sean valiosas y significativas, para tus conexiones, no solo, para lo que tú quieres aisladamente, de todas tus conexiones.

Un bebito en el seno de su madre está tan conectado a su mamá y su mamá conectada a tantas cosas que existe una transmisión fabulosa entre esos seres. Veamos a nivel alimento, el alimento que toma la madre, que luego se convierte en alimento del niño para que viva. Veamos en el nivel de pensamientos, pensamientos de la mamá que ocasiona un sentir en el bebito, alguno que lo incomoda y otros que lo hacen sentir bien y que le da salud. Asimismo con estímulos externos, hay estímulos externos que lo hacen sentir paz y seguridad y otros, inseguridad.

En el caso adulto ya no es igual pero sí es parecido al bebito, pues las conexiones con nuestro ADN siguen siendo muy fuertes, más las demás que ya mencioné que también son muy fuertes.

Qué ejemplos podemos dar, acerca de eventos que ocasionan felicidad, por las consecuencias en que las conexiones son beneficiadas y qué ejemplos podemos dar de eventos que ocasionan infelicidad, por las consecuencias desfavorables en las conexiones que ya mencionamos.

Paz, seguridad, amor, acompañamiento sincero, armonía, coordinación efectiva en una participación de las partes, descubrir y transmitir una verdad de fondo, logros meritorios limpios, reconocidos objetivamente, soluciones a problemas que lastiman a las personas, sentirse libres de prejuicios insanos, crear talento o algo valioso para el bienestar, curar a alguien, tener satisfacción elemental de hambre, sed, bienestar físico, son estados de beneficio para la persona y sus partes y sus conexiones. La emoción descubre, la emoción es el lenguaje de la quinesiología, es el manifestador de nuestro estado. Entusiasmo, paz, alegría, tranquilidad, amor, compañerismo, humildad, aceptación, liderazgo resonante por dar ejemplo, son manifestaciones propias de una persona feliz. A final de la cadena de conexiones hay más vida, para la persona y sus conexiones, se construye vida con aceptación de la realidad.

Un ejemplo de consecuencia en las partes y en las conexiones es cuando se dice la verdad, se demuestra, se da ejemplo de congruencia con principios de alto valor: Con los grupos sociales se consigue alta confiabilidad. Con tus partes se consigue transparencia y alta coordinación.

Violencia, imposición a la fuerza, soberbia en tratar a los demás, acoso, juzgar, condenar, forzar contra natura, ocultar, engañar, dilapidar, envidiar, corromper, escandalizar, atemorizar en provecho propio, chantajear, ansiedad, pobreza en tener lo indispensable para comer y protegerse del frío y del calor, son estados de perjuicio para la persona y sus partes y sus conexiones. La incongruencia es detectada por cada una de nuestras partes corporales. La emoción descubre, la emoción es el lenguaje de la kinesiología, es el manifestador de nuestro estado. Intranquilidad, desasosiego, miedo, inseguridad, nerviosismo son emociones propias de una persona infeliz. Al final de la cadena de conexiones hay menos vida para la persona y sus conexiones. Se destruye vida, con ignorancia o con dolo. Hay sufrimiento de la persona y de sus partes y conexiones.

Un ejemplo de consecuencia en las partes y en las conexiones es cuando se engaña: Con los grupos sociales, consigues Pérdida de confiabilidad o confiabilidad baja. Con tus partes de tu cuerpo, estómago, hígado, amígdala, corazón se consigue confusión entre tu mente y ellas, mal funcionamiento. Cuando tu intención es la mentira vas en contra de una ley natural de congruencia entre tus conexiones y se nota el efecto, negativamente. Igualmente se nota cuando tienes violencia.

La búsqueda de la felicidad nos lleva a buscar el amor y las verdades que son eternas, sin claudicar de nuestra condición humana. Nos lo evidencia nuestro estado alcanzado y nuestras conexiones nos lo manifiestan en sus consecuencias. No conozco personas con muy baja confiabilidad y altamente felices. Personas altamente violentas que sean altamente felices.

Otro punto de vista sobre buscar la felicidad es, buscar que cada una de tus conexiones más cercanas a ti, estén bien, que no tengan un conflicto, una oposición, una contradicción, un resentimiento, un dolor.

Imagina un gran desacuerdo y conflicto con tus padres, es difícil encontrar tu felicidad completa, con esa carga; imagina un deterioro de tu hígado por haber abusado del alcohol intencionalmente; imagina un conflicto grave con tus hijos; imagina una contradicción entre tus intenciones de fondo, con tus acciones del día; sería difícil encontrar paz y por tanto tu felicidad, ¿no crees?.

Por otro lado, imagina un estado donde tienes atención, comunicación, diálogo amoroso con cada una de tus conexiones más cercanas. Donde tus conexiones, son apreciadas en tu conciencia y ejerces en ellas una buena voluntad, por parte tuya. Imagina las respuestas de tus conexiones a tu actitud. Es estar bien, en cada momento y es descubrir que cada momento es real y que lo real de cada momento, con cada conexión es maravillosa. Sería vivir con transparencia pues no puedes engañar a tantas conexiones. Sería vivir con verdad y buscando la verdad, porque es la única manera de tener en buena forma, tu comunicación con tus conexiones.

¿Quién sería el que conduce tu vida en cada momento? Tu voluntad, encaminada por tu guía, por tu misión, por la ayuda de algo que es espiritual y que mueve lo demás.

Consejos como trata a los demás como a ti te gustaría que te trataran y ama a los demás como a ti mismo es precisamente atender tus conexiones de la mejor forma.

Además esta comunicación y estos efectos son evolutivos, progresivos; no es algo estancado. Cada día, es objeto de partir de algo nuevo y llegar a algo más nuevo. Aunque tuvieras una rutina, esta presencia con tus conexiones es cambiante y te enseña sorpresas y cambios que te mantienen en alerta siempre, en cambios que hay que enfrentar. Tu edad cambia por ejemplo. Niño, joven, adulto, adulto mayor sucede muy rápido. Las estaciones del año cambian. Todo cambio encierra una consecuencia. Aceptar las que hay que aceptar y cambiarte en lo que hay que cambiar es un proceso que nunca termina. Preparar la tierra, Sembrar, Cosechar, Consumir, Innovar y repetir el ciclo, es un proceso productivo, que hay que gozar en cada una de sus etapas y momentos. Es un proceso que se da en todo trabajo pero en vez de tierra y frutos naturales son otro tipo de trabajos y de frutos pero similares. Si únicamente cosechas y consumes no puedes tener la felicidad completa. Si únicamente preparas y siembras tampoco puedes tener la felicidad completa, mueres antes de tiempo. Alguna conexión cercana te lo va a reclamar, te lo va a hacer ver, con alguna contradicción natural y con efectos en tus emociones.

Poder expanderte a través de tus conexiones es enorme. Cada conexión tiene un potencial de crecimiento que no te lo acabas. Tienes una capacidad para fluir con tus conexiones hacia la plenitud, la felicidad y una vida maravillosa. Ejemplo físicamente con entrenamiento y ejercitamiento, amorosamente con integración social, enriquecimiento a través de tus conexiones naturales con el sol, la naturaleza, la música, mentalmente con nuestra inteligencia analítica y visionaria, espiritualmente con fortalezas superiores. Hay que escoger porque no es posible abarcar todos los potenciales que tenemos y que están a nuestra disposición.

En los negocios también existe un orden natural: Las conexiones son clientes, accionistas, personal, proveedores, gobierno (hacienda y demás organismos reguladores), familias del personal, familias de los clientes cuando el consumo del producto de la empresa se extiende a través del cliente, a sus siguientes beneficiarios, personas trabajadoras en las empresas clientes, vecinos y comunidad. Imagina que en alguna de estas conexiones, exista una afectación muy negativa por parte de la empresa, entonces se convierte en una amenaza directa a la existencia de la empresa o al menos a una corrección de la manera de ser y de hacer de la empresa. Cualquiera de estas conexiones, puede hacer que cierre la empresa si no se cuida cada una de esas conexiones. Y más si se trata de conexiones críticas, como clientes, accionistas, personal y gobierno.

APRECIO DE TODAS TUS CONEXIONES

De acuerdo con esta "teoría de Felicidad Conectiva", que aquí expongo, si en tu relación con cada una de tus conexiones adoptas un estado de aprecio y consideración auténtica, de todas las conexiones y adoptas la conciencia de que todas tienes su lugar en tu vida y tú eres un facilitador de las demás conexiones, entonces, logras la felicidad, porque es lo único, que es verdaderamente real y sustentable. Si por el contrario en una relación con alguna de tus conexiones tienes un estado de menospreciar y no considerar, sino abusar de otra de tus conexiones, con el propósito (intención equivocada) de que se beneficien solo tú y otra sola de tus conexiones, no puedes logra tu felicidad, porque es una postura falsa, irreal e imposible de sustentar en el largo plazo. Digamos que estás haciendo corrupción en la cadena productiva total por beneficiar uno o dos, de sus eslabones. Al poco tiempo, se descubre la lesión que causaste en alguna otra de tus conexiones. La realidad es que se descubre la lesión desde el preciso momento en que ocurre, pero la manifestación evidente, a veces tarda, pero la lesión ya ocurrió. Por eso en esta teoría, se dice que la felicidad es vivir el presente real, "Cada Momento Es Extraordinario (Feliz) Cuando Experimentas La Realidad, Tal Cual Es, (Cuando Siempre Están Presentes Todas Tus Conexiones, En Cualquier Relación De Cualquier Conexión)".

Repito las conexiones: conexiones con la *naturaleza* (astros, plantas, animales y cosas), con las *personas* (primero las cercanas, las que tienes una relación específica y los grupos sociales), con tus *creencias e intenciones* (que no pueden estar aisladas de tus acciones), con tus *sentimientos y emociones*, (que te manifiestan tus comportamientos), con la *espiritualidad* de tus antepasados (tus padres, Dios, etc.:), con la *kinesiología* de todas las partes de tu cuerpo (que se dan cuenta de lo que pasa, de lo que piensas, de lo que haces y de su congruencia y además lo manifiestan física y químicamente) (no cuando se descubre por otros, sino desde el primer momento que lo haces).

Ejemplo en los negocios, si en tu relación con tu conexión cliente, abusas de tu conexión proveedor, o de tu conexión socio, no es sustentable tu proceso total. Si por el contario, facilitas el interés también del proveedor y de tu socio en tu relación con tu conexión cliente, tienes mejores probabilidades de ser exitoso, de ser más productivo, de tener una relación de calidad y de ser más feliz. Por qué? Porque no puedes tener tu beneficio abusando o perjudicando a otra de tus conexiones que son importantes. Tarde que temprano se revela la verdad y la felicidad no se puede dar. Ejemplo cuando Rupert Mardoch dice en su juicio que es su día más infeliz, cuando le quitan la concesión de su periódico en Inglaterra, por descubrirle su espionaje y su chantaje a otra de sus conexiones. Lo más grave del caso es que deja pensar que su día más infeliz fue cuando lo pescaron en el ilícito y no cuando lo cometió. No es cierto, debía de haber sido desde el momento que cometió el ilícito no cuando lo descubrieron, su cuerpo lo sufrió desde que cometió el ilícito y además doblemente, cuando lo descubrieron.

Ejemplo en casos comunes de la vida real, en una plática de amigos, donde por ensalzarte, exageras y críticas a alguien más y afectas negativamente a otra de tus conexiones, (cuando abusaste y te jactas de esa acción), cuando consideras la relación con la conexión que perjudicaste, alguien poco importante.

Es posible que las cosas se volteen y esa persona disque poco importante para ti, al paso del tiempo, tiene una relación contigo de importancia (por ejemplo se hace novio de tu hija), entonces se puede manifestar tu arrepentimiento por evidencia y conveniencia. Sin embargo, desde el momento que cometiste la injusticia te afectó y lo que pasó es que no te diste cuenta, pero no puedes ser muy feliz con eso a cuestas. Tus conexiones sí se dan cuenta desde siempre y en todo momento. Entre tus conexiones hay conexiones entre sí, además de contigo. Existe la ley de gravedad también, o sea se atraen unas a otras. Esto es lo que sucede y el que tarde que temprano se manifiesten evidentemente, es porque antes, se tocaron ciertas conexiones, se cultivaron con anterioridad y luego se manifiestan. El estado del que les hablo es poder darse cuenta desde todo momento (Momento presente de ocurrencias), no hasta que salga en el periódico.

La Felicidad es conectiva, pues estás conectado con personas, con las cosas, con la naturaleza, de manera real, con todas las partes de tu cuerpo que se dan cuenta de muchas cosas y tu kinesiología lo manifiesta con tu lenguaje corporal.

Tú decides cómo te relacionas con cada conexión conscientemente, pero tú no decides si estás o no estás conectado. Te comunico que estás conectado, quieras o no, con más conexiones de lo que tú crees. Muchas de esas conexiones operan sin que tú lo sepas y la felicidad conectiva consiste en sentir que estás conectado realmente, en darte cuenta que estás conectado. Acercarte a la realidad te libera, te quita el stress de que tú decides todo y te quita la ceguera, de que pienses que nadie se da cuenta de tus actos.

Veamos tu fisiología y tu cinestesia. Un coraje le afecta negativamente a tu hígado y si pudieras verlo con un microscopio verías su impacto en su funcionamiento y en su salud. Los músculos faciales también lo notan y lo manifiestan. La piel lo resiente. Al final todo nuestro cuerpo está formado por células que sienten esto. Una mentira también lo siente cada parte de tu cuerpo y una alegría igualmente.

¿Cuáles son tus opciones en cuanto a manera de relacionarte con tus conexiones? Por ejemplo con todas tus células de tu cuerpo, con las demás personas, con las cosas, los animales y las plantas, con la espiritualidad que te rodea.

A grandes rubros solo hay 2 maneras:

1- Con amor, atención colaboradora, respeto, aceptando y escuchando a la otra parte. Suavemente, teniendo prudencia y humildad. Con la intención de estar comunicados bien, en la relación, para estar bien ambos, porque ambos se afectan entre sí, quieras o no lo quieras.

2- Con desatención, indiferencia, coraje, resentimiento, temor, agresión, amenazas. Duramente, egoístamente, autoritariamente, teniendo soberbia e ignorancia. Con la intención de sacar provecho para sí mismo, de la relación con lo demás y los demás. Cualquier intención egoísta y aprovechada, desequilibra enferma.

Tu comunicación con cada una de tus conexiones, se te regresa, según la manera 1, con trabajo mutuo; según la manera 2, con trabajo individual, desunido y en contra. A la larga con la manera 2, no ganas, pierdes. Es natural, es matemático, es ley natural, es cuestión de diseño, no está sujeto a nuestro albedrío.

La mejor relación, es cuando tu amor por el otro, excede tu necesidad del otro.

Para ser más feliz bajo esta perspectiva de la Felicidad Conectiva:

- Darte cuenta de que estás conectado con la naturaleza, las personas, grupos sociales, tu cuerpo y sus partes, tus pensamientos e intenciones, tus sentimientos y emociones, tu espiritualidad, las cosas que te rodean.
- Atender de la forma 1, tus relaciones con tus conexiones (para quien cree en Dios, encuentra a Dios en cada conexión).
- Solicitar ayuda, guía, retroalimentación y apoyo a tus conexiones.
- Buscando que haya unión, paz y bien común, en tus conexiones por lo menos en la relación que tú intentes tener con ellas.
- Disfrutar de la vida porque es maravillosamente, enriquecedora cada conexión con la que te quieras conectar con inteligencia emocional. Es toda una experiencia positiva, sentir todas las conexiones que están presentes. Más allá de las que tú llegues a imaginar.

Cada momento es extraordinario (te hace sentirte feliz) cuando experimentas la realidad del momento, tal cual es.
Solo se puede ser feliz en el presente, pues el pasado ya no está sucediendo y el futuro todavía no sucede y quien sabe como vaya a suceder.

Si es el momento por ejemplo del nacimiento de un hijo o hija, como que es más evidente, pero la neta, puede ser cualquier otro momento, cuando aprecias muchos nacimientos de cosas, ideas, o seres valiosos.
Cada persona tiene muchas cosas en común con las demás y algunas que son propias. La frecuencia natural de cada uno, es algo distinta. Por eso no todos vibramos igual con cada experiencia. Encontrar también las personas, animales, sonidos, sabores, olores y cosas que hacen más armonía con tu frecuencia natural también es válido.

Resumen o conclusión general: Para ser feliz se requiere de tu disposición personal, de tu desarrollo personal, de la ayuda de los demás y de que te provea la naturaleza.

3 elementos están conectados, tú mismo, la naturaleza y las demás personas. Depende de tu Disposición personal y tus habilidades, para relacionarte con la naturaleza y los demás, para que estas relaciones, con tus conexiones se den adecuadamente.

1- <u>Disposición personal</u>, desarrollo personal y habilidades personales para contigo mismo, se ve en los temas de este libro: Auto Concepto, Conciencia de Emociones, Independencia y Optimismo.

2- <u>Relaciones con los demás</u>, habilidades personales para las relaciones humanas, se ve en los temas de este libro: Relaciones Personales, Asertividad, Empatía y Responsabilidad Social.

3- <u>Relaciones con las cosas, con la naturaleza y tu vida</u>, habilidades personales para relacionarse adecuadamente con las cosas, la naturaleza y la vida, se ve en los temas de este libro: Objetividad, Flexibilidad, Solución de Problemas, Control de Impulsos, Tolerancia al Estrés y Realización Personal.

C- PERFIL HUMAN SIDE

COMPORTAMIENTOS

Generalmente existe un balance en el comportamiento activo y el pasivo, para evitar tensión, estrés y con ello molestias y desequilibrio.

Alto empuje, alta influencia pero baja constancia y bajo apego a normas.

Alta constancia, alto apego a normas pero bajo empuje y baja influencia.

Equilibrio en todas.

También ayuda ir encontrando un comportamiento que sea congruente tanto en tiempo de guerra como en tiempo de paz.

Comportamiento según se requiera.

Activo en la ofensiva, Activo en la defensiva y Pasivo dejando a otros la actividad.

Activo en la ofensiva, cuando hay que estimular a las conexiones que lo necesitan, activo en la defensiva cuando hay que aguantar o responder a las iniciativas de otros, pasivo cuando hay que dejar que otros sean los que actúen.

Activo en la iniciativa es enseñar cuando sabes, Activo en adecuarse a las preguntas de los demás y contestarlas empáticamente, Pasivo cuando dejas que los demás muestren sus puntos de vista y los desarrollen también o cuando escuchas para ser enseñado.

Activo es tomar la iniciativa cuando hay necesidad porque a ti te toca, por tu trayectoria y por tu posición y Pasivo cuando todavía no te toca, y cuando estás siguiendo la guía de otro (Ejemplo cuando estás con el doctor consultando).

Activo en dar el rumbo a seguir cuando eres el líder. Activo en participar y obedecer cuando eres miembro del equipo.

Aprender este arte de comportarse en sus diferentes modos o roles es muy importante, pues lo común es querer tomar siempre un solo modo y aplicarlo en todas las circunstancias y eso no te produce buena comunicación con tus conexiones.

PROCESO PENSANTE

Tener pasión por desarrollar los 4 procesos pensantes lógico, intuitivo, analítico y visionario, ayudan a ver diferentes puntos de vista y conciliarlos.

La certidumbre tangible mediante lo lógico y lo analítico, te enseña a manejar lo material.

Por otro lado tan cierto, como lo tangible es lo espiritual, los pensamientos que no son tangibles y que ocasionan cosas tangibles, los procesos que ilustran lo no material, el vacío que tenemos a nuestro alrededor entre partícula y partícula material, que también tiene sus propias leyes, te enseñan a entender esas leyes a través de la intuición y del visionario bien educado. La inteligencia emocional por ejemplo se basa mucho, en la parte intuitiva del ser humano.

En mi experiencia las personas que logran reperfilarse para ser más productivas, también son capaces para ser más felices. Para esto, el uso de los procesos pensantes intuitivo y visionario bien educados, son fundamentales. Con esto, se logra abatir las dudas que no nos pueden aclarar lo lógico y lo analítico.

INTERESES

En la parte de intereses, encuentro que el servicio social, la ciencia, el arte, los principios éticos, encierran muchas posibilidades de encontrar felicidad. De encontrar verdades qe calibran alto como dice David Hawkins. La creación de riqueza para el bien común y la responsabilidad de dirigir gente tiene muchas posibilidades de crear felicidad, cuando se orientan al bien común, pues se logra crear valor a todas las conexiones y el que da se enriquece. Pero primero para dar, hay que sembrar y coordinarse con las conexiones que dan energía para luego poder transmitir esa energía a otras conexiones que les haga falta.

D- HABILIDADES NATURALES

Cada conexión tiene sus propiedades naturales de Fuerza, Resistencia, Flexibilidad, Equilibrio, Agilidad. Tú además tienes Determinación y las personas con las que te relacionas también.

Conjugar estas habilidades naturales, de tus conexiones, cuando te relacionas con ellas es un arte, es toda una experiencia maravillosa.

Con tu pareja, tu esposo o esposa. Algunas habilidades, que son comunes (las más posibles) para afianzar la comunicación natural espontánea y algunas que son complementarias para que con el uso de la razón y la voluntad, poder sortear más problemas, con más habilidades de los 2 mancomunadamente.

Con tus socios igualmente.
Con todas las personas con quienes te relacionas, apreciar sus fuerzas y sus debilidades y construir experiencias para el bien común.

Con Determinación, tú puedes hacer que tus habilidades naturales se incrementen, al sinergizar a tus conexiones. Más Fuerza, porque la sacas de tus conexiones más la tuyas propia, actuando sinérgicamente, igual con Resistencia y Agilidad. Flexibilidad y Equilibrio las incrementas al atender a todas ellas en cierta proporción, evitando que tu mente te diga que es imposible.

E- EJERCICIOS

1- Toma un tema que te interese y anota las conexiones que tú sientas que están involucradas de alguna manera.
2- Por cada conexión anota el interés primordial que tú sientes que cada conexión tenga.
3- Por cada conexión y por cada interés anota cuáles intereses son comunes a ti y cuáles son muy distintos o contrarios a tu interés.
4- Haz un resumen de los intereses en común y los intereses en contra y los intereses distintos pero que no están en contra.
5- ¿Cómo le harías para relacionarte con cada conexión facilitando la unión y colaboración de todos hacia un fin común?
6- ¿Quién sugieres que sea líder y en qué parte y quién sugieres que sea apoyador y por qué de acuerdo a sus intereses y su posición?
7- ¿Qué le dirías a cada uno para convencerlos de todo esto?
8- ¿Qué les dirías a todos en su conjunto, oyendo todos, todo?

F- PREGUNTAS

1- La Felicidad es
   a)- Tener placer en todo momento
   b)- Que los demás te hagan caso aunque sea a fuerza y sentir que pudiste
   c)- Estar contento contigo mismo y con tu vida
   d)- Hacer solo lo que te gusta y no hacer nunca lo que no te gusta
   e)- Que te dejen en paz los demás

2- La Felicidad Conectiva es
  a)- Conectarte con tus amigos y caerles bien haciendo lo que a ellos les gusta
  b)- Conectarte con los que tienen tu mismo interés y doblegar a los que tienen interés en tu contra
  c)- Conectarte con el universo meditando tú solo y olvidarte de todo lo demás
  d)- Estar consciente de que estás comunicado y relacionado con muchas conexiones que tienes dadas y logar armonizarlas todas las que puedas en una cadena de flujo amoroso.

3- Las Conexiones son
  a)- Las personas con las que tú te quieras relacionar y nadie más. Tú decides con quién conectarte o desconectarte.
  b)- Tus papás y tu pareja que nunca te puedes desconectar de ellos.
  c)- Las que contratas comercialmente y en los negocios
  d)- Naturaleza, personas, grupos sociales, cosas, espiritualidad, pensamientos y sentimientos, tu cuerpo y sus partes.

4- La Felicidad es
  a)- Saber mucho
  b)- Tener mucho
  c)- Ser famoso
  d)- Poder gastar en todo lo que quieras
  e)- No tener nada
  f)- Ser quien eres verdaderamente y tener conciencia y convencimiento de ello.

5- Para ser feliz se requiere de 3 elementos:
   a)- No tener hambre, ni sed, ni frío.
   b)- La tierra, el agua y el sol
   c)- Tú mismo, la naturaleza y los demás
   d)- Tus habilidades físicas, intelectuales y espirituales

6- La objetividad es una habilidad para:
   a)- No tener miedo
   b)- Vivir en paz
   c)- Solucionar problemas
   d)- Atacar a los demás

VIII-LIDERAZGO

El objeto de este capítulo es mostrar que todo lo anterior dicho en el libro, aplicado da como resultado tener las cualidades de un líder.

1- MISIÓN, PLAN CLARO, QUE TENGA SIGNIFICADO. Tener un rumbo, una razón de ser, para ir a ese rumbo, donde se conjugue un corto plazo, un mediano plazo y un largo plazo. Con Objetividad para verlo realistamente, con pensamiento analítico y con aspiraciones superiores de trascendencia, motivadas por una gran sensibilidad de conexiones sentimentales, de alto significado humano, que despiertan una pasión bien educada por un pensamiento intuitivo y visionario, aterrizado.

Ejemplo, tener claro en cada etapa de tu vida lo que quieres, debes y puedes hacer, jugar, estudiar, viajar, desarrollar una manifestación artística, una responsabilidad profesional, un trabajo productivo, una posición social de prestigio, una amistad trascendente, una familia amorosa, una contribución ciudadana. Todo lo anterior conectado a tu misión en la vida, a tus recursos humanos internos a una naturaleza que te rodea y te provee de energía, cuando estás en disposición apropiada.

Este rumbo hacerlo para ti, tu vida y la de la vida de las personas que dependen de ti, como primera parte y como segunda parte si puedes hacerlo para ti, puedes hacerlo para otros, para una institución, para una familia, para un grupo, para una empresa, para un negocio, para una organización. Hay que articular el plan, tanto en términos técnicos, para entrar en la razón, como en términos sensibles para entrar al corazón.

Ejemplo una empresa, un club, una asociación.

En nuestras estadísticas de Human Side, 37 de cada 100 personas tienen un pensamiento visionario aceptable y consecuentemente tienen claro su plan de vida. En los 63 restantes encuentro que van pasando su vida, con comodidad en el corto plazo, como su interés principal. Las consecuencias de esto son muy negativas en crear valor para sí mismos y para los demás.

Respecto a la Visión en las empresas encuentro una gran mayoría, que han circunscrito pobremente el objetivo a ganar dinero. Dejan fuera el qué hacer con el dinero ganado, no tienen claro, objetivos de más alto calibre que el ganar dinero. Muchas Universidades que enseñan Gestión de negocios (MBA), enfatizan ganar dinero y miopía en objetivos de mayor calibre y trascendencia.

La consecuencia de esto, es superficialidad en la gestión de negocios y mal ejemplo, para con las nuevas generaciones. Ganar dinero es solo tener el oxígeno para vivir y seguir sirviendo. Tener oxígeno sobrante o dinero sobrante o alimento sobrante, no te hace una mejor persona ni una mejor empresa, ni es un estímulo a servir mejor. Al contario te da la tendencia equivocada de desperdiciarlo, de pensar que te da energía positiva y sucede lo contrario.

Objetivos de mayor calibre y trascendencia son por ejemplo, Excelencia en la ejecución, Creación de marcas confiables, Congruencia en la mercadotecnia entre lo que es y lo que se publica, Transparencia en la contabilidad real, Innovación de alto valor agregado, Responsabilidad Social comprobada por terceros afectados, Ecología, Energía renovable, Seguridad y Garantías de producto y servicio.

Para hacer una planeación de vida y de trabajo o empresa transformadora con Objetivos de mayor calibre, se demanda de las siguientes habilidades principalmente: Auto Concepto, Conciencia de Emociones, Independencia, Objetividad, Solución de Problemas, Flexibilidad, Optimismo y Felicidad.
Pensamiento visionario bien educado, para que sea realista.
Comportamiento de inspirar, convocar y organizar para el éxito, con visión de largo plazo y comunicación de corto plazo.

2- EJECUCIÓN, REALIZACIÓN DISCIPLINADA. Llevar a cabo el rumbo, con una ejecución aterrizada, sencilla, día con día, disciplinada, bien comunicada, tanto con controles de reglas y más con sensibilidad para llevar la vida en armonía. Primero contigo mismo, armonía y equilibrio entre tus pasiones y tus necesidades, entre tus temores y tus seguridades, entre tus defectos y tus cualidades, entre tus sentimientos y tus pensamientos, retando a tus talentos continuamente, como la única forma de engrandecerlos, ensancharlos.
Logrando la suficiente CONFIABILIDAD. De qué te sirve la vida y para qué estás en la vida si no eres alguien confiable. No es posible ser feliz si eres alguien no confiable.
Trazar el rumbo o proyecto y alcanzarlo a finalizar.

Dar ejemplo personal de confiabilidad y consistencia, para que puedas guiar a los demás.

Pasar por etapas en que te sientes no tener las capacidades suficientes y sufrir al desarrollarlas.

Pasar por etapas de dominar tu coordinación interna entre las partes de tu cuerpo. Dominar algunas cualidades físicas e intelectuales para entender la operación interna de tu cuerpo, de tus pensamientos, de tus sentimientos, de tu fuerza física, de tu agilidad, de tu resistencia, tu flexibilidad, tu equilibrio. Un deporte, una destreza manual, una destreza artística por ejemplo.

Pasar por etapas en que pospusiste la gratificación y te ha salido bien.

Pasar por etapas en que te confiaste y te equivocaste, para aprender que es bueno, ni siquiera confiar en ti, sino que en ciertas circunstancias, ni en ti puedes confiar para sacar adelante todo lo que se necesita. Aquí es donde aprendes que para ganar la confiabilidad necesitas no confiarte, sino estar alerta siempre, para corregir, pidiendo ayuda.

Pasar por etapas en que sí resultó y resultó bien, pero si el triunfo te sirve para ensoberbecerte, fracasas en tu vida, en tu reto siguiente. Aprender a desconfiar de los efectos secundarios del triunfo.

Lograr resultados en tu oficio, en tu campo de juego, en tu posición personal de responsabilidad, muchas veces, todos los días, mejorando continuamente cada día, tanto en resultados como en desarrollo de talento.

Entendiendo y sintiendo a quién beneficiaste aparte de tí. A tus padres, a tus compañeros, a tus maestros, a tu universidad, a tu empresa, a tus clientes, a tus sponsors, a tus hijos, a tu esposa.

He encontrado que se ha caído en el problema de enseñar muchas cosas en la gestión, pero no la ejecución. La ejecución es como en el caso de oficios de doctores, pilotos de avión, pintores, músicos y deportistas que es la práctica, la que los hace confiables y en el caso de la gestión de negocios es increíble, que no se hace práctica y demostraciones de práctica, sino que se ha hecho una cultura, en donde es la teoría dada en aulas por maestros que no son practicantes de la ejecución lo que establecen la norma de ser buenos empresarios, directivos de empresa. Algunas Universidades dan casos prácticos en aulas y piensan que eso es enseñar una buena ejecución. No es así, en la práctica. Hace falta una cultura como en los pilotos de aviación o los doctores, que son los casos hechos por ellos mismos lo que vale, no los estudios ni las referencias de otros casos que no participaron en la ejecución.

Otro error que veo es cuando se enseña que con una buena teoría de administración están listos para ser buenos en la práctica de cualquier tipo de empresa o de negocio. Ponen en posiciones altas a gente así y dirigen a gente más experta en la ejecución que son menospreciados. Es como los políticos que dicen que pueden ocupar cualquier secretaría de estado con competencia suficiente. Los resultados están a la vista.

La ejecución de la que hablo, opera con mente sí, pero más con estómago, corazón, músculo, antecedentes aplicables e intuición. Opera con la atención e internamiento de muchos años en el tema y en el entorno inmediato. Como el de un pianista tocando conciertos, un piloto volando "x" o "y" aparato, un deportista basquetbolista jugando torneos, un doctor operando. Este acondicionamiento del corazón, del estómago, de la intuición que hablo, solo se adquiere en la práctica, en la vida real. En la vida de aula se nulifica. Solo las partes de empresa que se adquieren en el aula son las de índole mental racional. Del aula salen fuertes en la intelectualidad y salen débiles en el estómago y el corazón y eso afecta negativamente las disciplinas y prácticas operativas. Los Doctores van a convenciones para aumentar sus referencias teóricas, pero entienden que con ellas solo pueden estimular su creatividad para emprender nuevas prácticas, pero que hasta que la práctica les sale bien a ellos, es cuando lo pueden hacer valer. Más convenciones y exposiciones, más realismo en el alcance de las aulas y más, mucho más, demostraciones evidentes, honestas de logros, en cada oficio, en cada negocio, robustecerían la ejecución.

Para ser buenos en la práctica de la ejecución de negocios y de empresa, se demanda de las siguientes habilidades principalmente: Auto Concepto, Conciencia de Emociones, Independencia, Objetividad, Solución de Problemas, Flexibilidad, Tolerancia a la presión, Control de Impulsos, Optimismo y Felicidad.

En la ejecución como puedes observar agregué la cruda realidad de toda ejecución, el contacto con la realidad: Tolerancia a la presión y Control de Impulsos.

Pensamiento lógico, analítico para resolver problemas e intuitivo para evitar lastimar a otros.

Comportamiento de dar más que de recibir, de tolerar la adversidad, de ver los problemas como retos, de ser guerrero, además de coordinar, controlar y facilitar las cosas para los demás.

Si pasas por todas estas etapas contigo mismo y con tu quehacer personal, entonces ya estás preparado para ser líder de otros. Si no, no. No puedes pedir peras al olmo. No puedes dar lo que no has sembrado, lo que nos has cosechado por ti mismo.

3- CONECTAR PERSONAS MOTIVADAS CON EL RUMBO Y CON LAS PRACTICAS DE EJECUCION. Conectándote con otras personas para hacer tareas y trabajos de conjunto, bien ensamblados y orquestados, para lograr objetivos más complejos, que los que tú puedes hacer solo.

Hacer enlaces humanos participativos con sensibilidad y motivación en cadena, de abajo hacia arriba, de arriba hacia abajo, de lado a lado, con personas, con cosas, contigo mismo, como funcionan tus partes de tu cuerpo, conectadas entre sí, con un cerebro ambidiestro en razonar y en intuir, con unas extremidades que conectan con las cosas externas y conectan con otras personas, con una estructura que pone limitaciones de cierta rigidez como los huesos, con unos tejidos que facilitan la flexibilidad de la estructura ósea, con un sistema nervioso que conecta todas las partes y avisa eléctricamente lo que pasa en todos lados y con un centro torácico donde manda el corazón. Además con necesidades de mantenimiento como la de alimentación, salida de desperdicio y recuperación del cansancio, con un sistema soporte de reservas de energía y de apoyo a la defensa contra enfermedades, que es el sistema inmunológico.

Esa complejidad interna, que tenemos en nuestro cuerpo, es un diseño natural, que en las organizaciones debemos de repetir, sin descubrir el hilo negro, pues ya funciona así nuestro cuerpo, sino extendiendo sus alcances para conseguir objetivos más complejos. Observen las grandes organizaciones y tienen todos estos elementos de los que he mencionado.

En las organizaciones pequeñas el Director General y sus ejecutivos absorben muchas de estas funciones que no pueden pagar.

Ejemplo:

Cerebro ambidiestro: CEO y Chairman

Extremidades que tocan el producto y a los clientes: Producción y Ventas

Estructura ósea: manual de organización, organigramas, políticas, normas y procedimientos.

Tejidos: Trabajo de equipo, colaboración espontánea, comodines, interinatos, suplencias.

Sistema nervioso inteligente: Sistemas, informática, tesorería y finanzas.

Centro torácico donde manda el corazón: Sistemas alternos de comunicación de la gente. Café con el Director General, Buzón de sugerencias, Buzón de quejas, Recursos Humanos, Sindicato.

Mantenimiento, Seguridad, Protección, Vigilancia, Reservas financieras y monetarias para tiempos difíciles, clubes de reunión de trabajadores, deportes y distracción, fomento de actividades familiares.

Y todos coordinándose para lograr clientes satisfechos, cada vez más, con la interacción con la organización.

Solo personas con una muy alta inteligencia emocional logran conectar todas estas partes orquestadamente, reflejando la importancia real de todas y de cada una.

Lo que veo que sucede muchas veces, es menospreciación de algunas de las partes, descoordinación entre las partes, lucha para demostrar que una parte es mejor que otra. Muchas partes se quedan terriblemente desconectadas con liderazgos incompletos y soberbios. Algunas partes tomando funciones que nos les corresponden y dejando de hacer la suya propia, como por ejemplo algunos sindicatos mexicanos en empresas de gobierno. Esto es Cáncer. No solo algunos sindicatos sino finanzas haciendo recursos humanos, ventas haciendo negocios ajenos con clientes, producción haciendo productos no adecuados al cliente, CEO haciendo labor incompleta pero con mercadotecnia para ocultar fallas, desconexión entre niveles directivos y niveles operativos, desconexión entre planes y realidades del día con día, de manera continua, teniendo 2 discursos, 2 morales, la de mostrar para presumir y la real que se vive internamente. Incentivos perversos que premian la ineficiencia y la incompetencia. Premios y promociones a favoritos, no a los que dan el mayor valor, en cada cosa. Desconocimiento o ignorancia a propósito, de que las personas de abajo, copian a los de arriba, así que cuando se ven fallas abajo, es porque arriba, no han dado el ejemplo que debieran de dar.

Cada una de las partes, refleja el todo y si las partes no están bien coordinadas, cada parte reflejará la descoordinación que existe. Cada parte tiene hologramado el todo, como sucede con cada parte del cuerpo humano. No es cierto que si coordinas solo las partes que te gusta relacionarte con ellas, va a ser suficiente. No es cierto que si contratas gente que haga lo que no te gusta, va a funcionar. No hay sustituto del menosprecio o de la indiferencia, que valga, siempre se nota.

Para corregir estas fallas mencionadas muy comunes, se demanda de las siguientes habilidades principalmente: Auto Concepto, Conciencia de Emociones, Independencia, Objetividad, Solución de Problemas, Flexibilidad, Tolerancia a la presión, Control de Impulsos, Optimismo y Felicidad, además de Empatía, Asertividad, Responsabilidad Social, Realización Personal.

Como pudiste observar agregué las habilidades de Relaciones Interpersonales, Empatía, Asertividad y Responsabilidad Social (Confiabilidad), el básico elemento muy conocido de la Inteligencia Emocional. Influir positivamente en los demás.

Pensamiento intuitivo educado en la inteligencia emocional.
Comportamiento de dar más que recibir, de dar ejemplo con desempeño personal.

Mencioné al principio del libro que mi intención era que gozaras el viaje de leerlo. Espero que así haya sido, que además te quedaras con la actitud de usarlo de consulta en tus momentos de reflexión y que pudieras haber agregado un granito de arena a tu felicidad.

BIBLIOGRAFÍA Y REFERENCIAS

1- MGT CONSULTORIA SA DE CV
Empresa que se dedica a consultoría en Competitividad, basándose en trabajo con el equipo humano, organización, planeación, dirección de gente y con los procesos de negocios o institucionales. Este libro mucho es debido a las experiencias acumuladas en esta consultoría y por el uso de sus herramientas las plataformas de enseñanza y entrenamiento de MGT y Human Side.
Ave. Lázaro Cárdenas 2400 pte
Edificio Losoles despacho PA-10
Valle Oriente C.P.66269
San Pedro Garza García Nuevo León
México
www.mgt.com.mx

2- Dirección de Capital Humano
Jorge Farías Arizpe
Publicado por Editorial Trillas

3- Sé Consciente de tu Ser
Jorge Farías Arizpe

4- Los 4 Acuerdos
Miguel Ruiz
Urano, Barcelona

5- The EQ Edge
   Dr. Steven Stein
   Published in 2003 by Multi-Health Systems Inc

6- Trascending the levels of Consciousness.
   By David Hawkins
   Published by Veritas Publishing

7- Truth vs Falsehood
   By David Hawkins
   Published by Axial Publishing Company

8- Good to Great
   By Jim Collins
   Publsihed by Harper Collins Publisher

9- La Rentabilidad de los Valores
   Uniapac

10- Cuerpos sin Edad, Mentes sin Tiempo
   By Doctor Deepak Chopra
   Published by Crown Publishers

11- Fluir
   Mihaly Csikszentmihalyi
   Editorial Kairós

12- Making Ideas Happen
   By Scott Belsky
   Published by Portfolio

13- The Biology of Belief
   By Bruce H. Lipton
   Published by Hay House

14- The Emotionally Intelligent Manager
By David R. Caruso and Peter Salovey
Published by Jossey-Bass

15- The handbook of Emotional Intelligence
Reuben Bar-On, James Parker, Daniel Goleman

16- Emociones Destructivas
Daniel Goleman
Vergara

17- El Líder del Cambio
John P Kotter
McGraw Hill

18- Execution
Larry Bossidy and Ram Charan
Crown Business

19- Integridad en las Empresas
David Noel Ramírez Padilla
McGraw Hill

20- The Competent Manager
Richard E. Boyatzis
Published by John Wiley and sons

JORGE
FARÍAS
ARIZPE

Ha pasado por las siguientes empresas e instituciones, ya sea como consejero, directivo o consultor: CYDSA, Grupo Industrial Saltillo, Grupo IMSA, Bancomer, Aeroméxico, Grupo Alfa, Telcel, Grupo Nacional Provincial, Axtel, Valores Corporativos, Vitro, Grupo Arma, Grupo Hermes, Grupo Herdez, PEMEX, SEGOB, Infonavit, Grupo BAL, Comercial Mexicana, Grupo Infra, Femsa, Probursa, Grupo Cuervo, Grupo Ley, Verzatec, Industrias Tuk, Lamosa, CEMEX, Coca Cola, Plasticel, Criotec, Hola Hogar, Desarrollos Gosa, Hospital Muguerza, Cymesa, Antad, Coparmex, Usem, Centro Patronal de Nuevo León, Icami, Club Cima, Club Campestre Monterrey, entre otras. Ha escrito dos libros: "Dirección de Capital Humano" (Editorial Trillas 2011) y "Sé Consciente de tu Ser" (2007). En 1988 Fundó **MGT Consultoría S.A. de C.V.**, empresa que hasta hoy dirige. Estudió Ingeniero Mecánico Administrador en el ITESM, la maestría en Administración de Negocios en el mismo Instituto, el programa de Liderazgo y Administración en el Instituto Panamericano de Alta Dirección de Empresas (IPADE), realizó estudios de Desarrollo Organizacional en Columbia University (Nueva York). Durante sus estudios, participó intensamente en diversas actividades deportivas que mas adelante tuvieron una influencia definitiva en el enfoque de competitividad en la dirección de gente de negocios.

www.ingramcontent.com/pod-product-compliance
Lightning Source LLC
Chambersburg PA
CBHW061338280526
45784CB00001B/58